French Reader
Short Stories

English – French Parallel Text
Elementary to Intermediate (A2-B1)

Compiled by Alex Kouzine

2021 AOK Publishing

Table of Contents

Introduction 4

Abbreviations 6

Fortune and the man / La Fortune et l'homme 7

The doctor's advice / Le conseil du médecin 10

The bellboy / Le groom 12

The dumbest kid in the world /
L'enfant le plus stupide du monde 14

Aesop and the traveler / Ésope et le voyageur 16

1. While the auto waits *(after O. Henry)* /
Pendant que la voiture attend *(d'après O. Henry)* 19

2. Ruthless *(after W. de Mille)* /
Impitoyable *(d'après W. de Mille)* 26

3. Jimmy Valentine's reformation *(after O. Henry)* /
La transformation de Jimmy Valentine *(d'après O. Henry)* 35

4. Art for heart's sake *(after R. Goldberg)* /
L'art pour le cœur *(d'après R. Goldberg)* 60

5. Friends in San Rosario *(after O. Henry)* /
Amis à San Rosario *(d'après O. Henry)* 76

6. The Luncheon *(after W. Somerset Maugham)* /
Le déjeuner *(d'après W. Somerset Maugham)* 114

7. Three at table *(after W. W. Jacobs)* /
Trois à table *(d'après W. W. Jacobs)* 127

8. The Mexican *(after O. Henry)* /
Le Mexicain *(d'après O. Henry)* 145

9. A Cup of Tea *(after K. Mansfield)* /
Une tasse de thé *(d'après K. Mansfield)* 170

10. Lost in the Post *(after A. Philips)* /
Perdu à la Poste *(d'après A. Philips)* 192

Introduction

This book contains a selection of **10** finest short stories which have been adapted from originals written by the world's greatest storytellers such as: O. Henry, A. Maltz, W. de Mille; R. Goldberg and others. In addition, there are **5** mini-stories presented at the beginning of the book as a "warm-up exercise".

The stories have been thoroughly adapted (to preserve the gist of the original) and translated into French language. They presented here as English – French parallel text with French text been printed in **dark blue**.

The stories have been arranged according to their degree of difficulty and each story is accompanied by a "Key Vocabulary".

Although this book can be useful for learners of both – English and French languages – it was mainly intended as a reading material for learners of French language.

Level

The book is intended mainly for Elementary to middle-Intermediate level learners (that is, those who have already studied the basic structures of French). It will also be useful for more advanced learners as a way of practicing their reading skills and comprehension of French language.

Using the book *effectively*

In our opinion it will be most beneficial if you read each story in English first.

Then review 'Key Vocabulary' and reread the story once more as a 'parallel text'.

Knowledge of the context will enable you to *link together* English words and phrases to their French counterparts, thus expanding your vocabulary and improving your reading comprehension of French language.

After reading through a story a couple of times you'll notice that you understand a *'French version'* of the story as if it was written in your native tongue. And remember that your fluency in French will grow with each story you read.

Have fun! *Amuse-toi bien !*

Abbreviations
(*used in 'Key Vocabulary'*)

abr. – abréviation (abbreviation)

adj. – adjectif (adjective)

adv. – adverbe (adverb)

conj. – conjonction (conjunction)

inter. – interjection (interjection)

prép. – préposition (preposition)

pron. – pronom (pronoun)

n.f. – nom féminin (feminine noun)

n.m. – nom masculin (masculine noun)

v.aux. – verbe auxiliaire (auxiliary verb)

v.intr. – verbe intransitif (intransitive verb)

v.tr. – verbe transitif (transitive verb)

v.pron – verbe pronominal (pronominal verb)

Fortune and the man / La Fortune et l'homme

One day a man **was walking** along the street. He had only an old bag in his hands.

Un jour, un homme **marchait** dans la rue. Il n'avait qu'un vieux sac dans les mains.

He was wondering why people who **had** a lot of money were never **satisfied** and always **wanted** more.

Il se demandait pourquoi les gens qui **avaient** beaucoup d'argent n'étaient jamais **satisfaits** et en **voulaient** toujours plus.

"**As far as I'm concerned**", he said, "if I only had enough to eat, I would not ask for anything else".

« **En ce qui me concerne**, dit-il, si j'avais seulement de quoi manger, je ne demanderais rien d'autre. »

Just at this moment Fortune came down the street. She **heard** the man and stopped.

Au même moment, Fortune descendait la rue. Elle **entendit** l'homme et s'arrêta.

"Listen," she said, "I want to help you. Open your bag and I will pour diamonds into it.

« Écoute, » dit-elle, « je veux t'aider. Ouvre ton sac et je vais y verser des diamants.

But every diamond which **falls** on the ground will become dust. Do you understand?"

Mais chaque diamant qui **tombera** sur le sol deviendra poussière. Est-ce que tu comprends ? »

"Oh, yes, **I understand**," replied the man.

« Oh, oui, **je comprends** », répondit l'homme.

He quickly opened his bag and saw a stream of diamonds was poured into it. The bag began to grow **heavy**.

Il ouvrit rapidement son sac et vit qu'un flot de diamants y était versé. Le sac commença à devenir **lourd**.

"Is that enough?" asked Fortune.

« Est-ce suffisant ? » demanda Fortune.

"Not **yet**." The man's hands began to tremble.

« Pas **encore**. » Les mains de l'homme ont commencé à trembler.

"You are the richest man in the world **now**," said Fortune.

« Vous êtes l'homme le plus riche du monde **maintenant**, » dit Fortune.

"Just add **a few** more," said the man.

« Ajoutez-en juste **quelques** uns de plus », dit l'homme.

Another diamond was **added** and the old bag **split**. All the diamonds fell on the ground and became dust.

Un autre diamant fut **ajouté** et le vieux sac se **fendit**. Tous les diamants tombèrent sur le sol et devinrent poussière.

Fortune **disappeared**, leaving the man along on the street.

Fortune **disparut**, laissant l'homme dans la rue.

Key Vocabulary:

- **marcher** v.intr. – to walk
- **se demander** v.pron – to wonder, to be curious to know
- **avoir** v.tr. – to have, to possess
- **satisfait** adj. – satisfied, content
- **vouloir** v.tr. – to want, to desire
- **en ce qui me concerne** – as far as I'm concerned
- **entendre** v.i.– to hear
- **tomber** v.intr.– to fall; to tumble
- **comprendre** v.tr. – to understand
- **lourd** adj. – heavy
- **encore** adv. – still, yet; **pas** ~ not yet
- **maintenant** adv. – now
- **quelque** adj. – some, a few
- **ajouter** v.tr. – to add
- **fendre** v.tr. – to split, to crack
- **disparaître** v.intr.– to disappear

The doctor's advice / Le conseil du médecin

One time an **old** gentleman went to see a doctor. The doctor examined him and said:

Un jour, un **vieux** gentilhomme alla consulter un médecin. Le docteur l'examina et lui dit :

"Medicine won't help you. You must have a complete **rest**.

« Les médicaments ne vous aideront pas. Il vous faut un **repos** total.

Go to a **quiet** country place for a month, walk a lot, drink milk, go to bed early, and smoke just one cigar a day."

Isolez-vous dans un endroit **tranquille** à la campagne pendant un mois, marchez beaucoup, buvez du lait, couchez-vous tôt et fumez un seul cigare par jour. »

"Thank you very much," said the old gentleman, "I shall do everything you say."

« Merci beaucoup, » dit le vieux gentilhomme, « je respecterai tout ce que vous m'avez dit. »

A month later the gentleman came to the doctor again. "How do you feel?" asked the doctor.

Un mois plus tard, le gentilhomme revint voir le médecin. « Comment vous sentez-vous ? » lui demanda le médecin.

"I am very **glad** to see you. You look much younger."

« Je suis très **heureux** de vous voir. Vous m'avez l'air beaucoup plus jeune. »

"Oh, doctor," said the gentleman, "I feel quite well now. I had a good rest.

« Oh, docteur, » s'exclama le gentilhomme, « Je me sens relativement bien maintenant. Je me suis bien reposé.

I went to bed early, I drank a lot of milk, and I walked a lot. Your **advice** certainly helped me.

Je me suis couché tôt, j'ai bu beaucoup de lait et j'ai beaucoup marché. Vos **conseil** m'ont sans aucun doute aidé.

But you told me to smoke one cigar a day, and that one cigar a day almost killed me at first. It's no joke to start smoking at my age."

Mais vous m'avez dit de fumer un cigare par jour, or ce cigare quotidien a bien failli me tuer. C'est que ce n'est pas une mince affaire de commencer à fumer à mon âge. »

Key Vocabulary:

- **vieux** adj. – old; ~homme/~femme – old man/woman.
- **repos** n.m. – rest, repose.
- **tranquille** adj. – quiet; tranquil.
- **heureux** adj. – happy, glad.
- **conseil** n.m. – advice, piece of advice.

The bellboy / Le groom

A tourist was standing in front of the reception desk of a Washington hotel. He **was in a hurry**.

Un touriste se tenait devant la réception d'un hôtel à Washington. Il **était pressé**.

He had only ten minutes to pay his bill and arrive at the station. Suddenly **he remembered** that he **had forgotten** something.

Il n'avait que dix minutes pour régler sa facture et parvenir à la gare. Soudain, **il se souvint** qu'il **avait oublié** quelque chose.

He called the bellboy and said: "Go up to room 85 and see whether I **left** a box on the table. Be **quick** please, I am in a hurry."

Il appela le groom et lui dit : « Montez à la chambre 85 et regardez si j'ai **laissé** une boîte sur la table. Faites **vite** s'il vous plaît, je suis pressé. »

The boy ran up the stairs. Five minutes passed, while gentleman was **walking up and down** impatiently.

Le garçon courut dans les escaliers. Cinq minutes s'écoulèrent, durant lesquelles le gentilhomme, impatient, **fit les cent pas**.

At last the boy came back. "Yes, sir," he said, "you left it there. It's on the table."

Enfin, le garçon revint. « En effet, monsieur, » dit-il, « vous l'avez laissée là-bas. Elle est sur la table. »

Key Vocabulary:

- **être pressé** – to be in a hurry.
- **souvenir** v.pron. – to remember.
- **oublié** v.tr. – to forget.
- **laisser** v.tr. – to leave [sth] behind.
- **vite** adj. – quick, fast.
- **faire les cent pas** – to pace; walk back and forth.
- **enfin** adv. – finally, at last.

The dumbest kid in the world / L'enfant le plus stupide du monde

A young boy enters a barber shop... and the barber **whispers** to his customer:

Un jeune garçon entre dans un salon de coiffure... et le coiffeur **murmure** à son client :

"This is the dumbest kid in the world. **Watch** while I **prove** it to you."

« Voici l'enfant le plus stupide du monde. **Regardez**, je vais vous le **prouver**. »

The barber puts a dollar bill in one hand and two quarters in the other, then calls the boy over and asks:

Le coiffeur dépose un billet d'un dollar dans une main et deux pièces de 25 cents dans l'autre, puis il appelle le garçon et lui demande :

"**Which** do you want son?"

« **Lequel** veux-tu, fiston ? »

The boy takes the two quarters and leaves.

Le garçon prend les deux pièces de 25 cents et part.

"What did I tell you?" says the barber. "That kid never **learns**!"

« Qu'est-ce que je vous avais dit ? » dit le coiffeur. « Ce garçon n'**apprend** jamais ! »

Later, **when** the customer leaves, he sees the same young boy coming out of the ice cream store.

Plus tard, **lorsque** le client s'en va, il voit le même jeune garçon sortir du magasin de glaces.

"Hey, son! May I ask you a question? Why did you take the quarters **instead of** the dollar bill?"

« Hé, fiston ! Je peux te poser une question ? Pourquoi as-tu pris les pièces de 25 cents **au lieu du** billet d'un dollar ? »

The boy **licked** his ice cream cone and replied:

Le garçon **lèche** son cornet de glace et répond :

"Because the day I take the dollar, the **game** will be over!"

« Parce que le jour où je prendrai le dollar, le **jeu** sera terminé ! »

Key Vocabulary:

- **murmurer** v.intr.– to murmur, to whisper.
- **regarder** v.intr.– to look , to watch.
- **prouver** v.tr. – to prove; demonstrate, show.
- **lequel** pron. – (interrogation) which, which one.
- **apprendre** v.tr. – to learn.
- **lorsque** conj. – when; as soon as.
- **au lieu du** [qch] – instead of [sth].
- **lécher** v.tr. – to lick; *se ~ les lèvres* – to lick one's lips
- **jeu** n.m. – game, play.

Aesop and the traveler / Ésope et le voyageur

Aesop was a very clever man who **lived** many hundreds of years ago in Greece. He **wrote** many fine stories.

Ésope était un homme très intelligent qui **vécut** en Grèce il y a plusieurs centaines d'années. Il **écrivit** de nombreuses histoires magnifiques.

He was well-known as a man who liked **jokes**. One day, as he was enjoying a walk, he **met** a traveler, who **greeted** him and said:

Il était réputé pour être un homme qui appréciait les **blagues**. Un jour, alors qu'il se promenait, il **rencontra** un voyageur qui le **salua** et lui dit :

"Signor, can you tell me **how long** it'll take me to get to town?"

« *Signor*, pouvez-vous me dire **combien de temps** il me faut pour arriver en ville ? »

"Go," Aesop answered.

« Allez-y, » répondit Ésope.

"I know I must go," **protested** the traveler, "but I want you to tell me how soon I shall get to town?"

« Je sais que je dois y aller, » **protesta** le voyageur, « mais j'aimerais que vous me disiez dans combien de temps je serai en ville. »

"Go," Aesop said again **angrily**.

« Allez-y », répéta Ésope, **énervé**.

"This man must be **mad**," the traveler **thought** and went on. After he had walked some distance, Aesop shouted after him:

« Cet homme doit être **fou**, » **pensa** le voyageur et il reprit sa route. Après qu'il eut parcouru une certaine distance, Ésope s'écria :

"It will take you two hours **to get to** town."

« Ça vous prendra deux heures pour **arriver** en ville. »

The traveler turned around in **astonishment**. "Why didn't you tell me that before?" he asked.

Le voyageur se retourna, **étonné**. « Pourquoi ne me l'avez-vous pas dit avant ? » demanda-t-il.

"How could I have told you that before?" answered Aesop. "If I did not know **how fast** you can walk."

« Comment aurais-je pu vous le dire avant ? » répondit Ésope. « Si je ne savais pas **à quelle vitesse** vous pouviez marcher. »

Key Vocabulary:

- **vivre** v.tr. – to live.
- **écrire** v.tr. – to write.
- **blague** n.f. – joke.
- **rencontrer** v.tr. – to meet; to run into (s.o.).
- **saluer** v.tr. – to greet; to salute.
- **combien de temps ?** – How long …?
- **protester** v.intr.– to protest.
- **énervé** adj. – irritated, annoyed.
- **fou** adj. – crazy, mad, insane.

- **penser** v.intr.– to think.
- **arriver** v.intr.– to get to, arrive at
- **étonné** adj. – surprised, astonished.
- **vitesse** n.f. – speed.

1. **While the auto waits** *(after O. Henry)* /
Pendant que la voiture attend *(d'après O. Henry)*

The girl in grey came again to that quiet corner of the small park at the beginning of **twilight**.

La fille en gris revint dans le coin isolé du petit parc à **la tombée de la nuit**.

She sat down upon a bench and began to read a book. Her dress was very **simple**. Her face was very beautiful.

Elle s'assit sur un banc et se mit à lire un livre. Sa robe était **sobre** ; son visage, fort charmant.

She had come here at the same hour on the **previous** day, and on the day before that, and there was a young man who knew it.

Elle était venue ici à la même heure la veille ainsi que le jour **précédent**, et un jeune homme l'avait remarquée.

The young man saw the girl and **came near**. At that moment her book slipped from her fingers and **fell** on the ground.

Lorsque le jeune homme aperçut la fille, il **s'approcha** d'elle. À ce moment précis, le livre glissa des mains de celle-ci et **tomba** par terre.

The young man **picked up** the book, returned it to the girl politely, saying a few words about the weather, and stood waiting.

Le jeune homme **ramassa** le livre, le rendit poliment à la fille en prononçant quelques mots anodins sur le temps, puis attendit.

The girl looked at his simple coat and his common face.

La fille observa le manteau simple du jeune homme ainsi que son visage ordinaire.

"You may sit down, if you like," she said. "The light is not good for reading. I would **prefer** to talk."

« Vous pouvez vous asseoir, si vous le souhaitez, » dit-elle. « La lumière n'est pas suffisante pour lire. Je **préférerais** parler. »

"Do you know," young man said, "that you are the finest girl I have seen. I saw you here yesterday."

« Savez-vous, » dit le jeune homme, « que vous êtes la fille la plus élégante que j'aie jamais vue. Je vous ai aperçue hier au même endroit. »

"Whoever you are," said the girl in an **icy** tone, "you must remember that I am a lady."

« Qui que vous soyez, » intervint la fille d'un ton **glacial**, « sachez que je suis une *lady* ! »

I beg your pardon," said the young man.

« Je vous prie de m'excuser, » répondit le jeune homme.

"It was my **fault**, you know – I mean, there are girls in the parks, you know – of course, you don't know, but…"

« C'est ma **faute**… Je veux dire, il y a d'autres filles dans le parc, vous savez… enfin, non, bien sûr que vous ne savez pas, mais… »

"Let's change the subject. Of course, I know. Now tell me what you think about these passing people.

« Bien sûr que je sais ! Mais changeons de sujet. Dites-moi plutôt ce que vous pensez des passants.

Where are they going? Why do they always seem in a hurry? Are they **happy**?"

Où vont-ils ? Pourquoi semblent-ils toujours pressés ? Sont-ils **heureux** ? »

The young man thought for a moment how to respond, but the girl continued.

Le jeune homme réfléchit un instant à sa réponse, mais la fille poursuivit :

"I come to this park because it is only here that I can to be near the masses of people.

« Je viens dans ce parc parce que ce n'est qu'ici que je peux être à proximité de la foule.

I speak to you because I want to talk to a common man, **unspoiled** by money.

Je vous parle parce que j'ai envie de discuter avec un homme ordinaire, quelqu'un qui n'est **pas corrompu** par l'argent.

Oh! You don't know how tired I am of money – money, money! And of the men who surround me. I am **tired of** pleasure, of jewels, of travel."

Vous ne savez pas à quel point j'en ai assez de l'argent – l'argent, toujours l'argent ! Et des hommes qui m'entourent ! Je suis **lasse** des plaisirs, des bijoux, des voyages. »

"I always had an idea," said the young man, "that money must be a very good thing."

« J'ai toujours pensé, » dit le jeune homme, « que l'argent était une bonne chose. »

"Well, when you have millions! Drivers, dinners, theaters, parties! I am tired of it!" said the young girl.

« Oh, vous savez, quand on en a des millions… les chauffeurs, les dîners, les théâtres, les fêtes, j'en ai plus qu'assez ! » se lamenta la jeune fille.

The young man looked at her with interest. "I have always liked," he said, "to read and to hear about the life of rich people."

Le jeune homme l'observa avec intérêt. « J'ai toujours aimé lire et entendre parler de la vie des gens riches, » dit-il.

"Sometimes," continued the girl, "if I ever loved a man. I should love a simple man… What is your profession?"

« Pour tout vous dire, » poursuivit la fille, « si je devais un jour aimer un homme, j'aimerais que ce soit un homme ordinaire… Quel métier faites-vous ? »

"I am a very simple man. But I hope **to rise in the world**.

« Je suis de fait un homme tout à fait ordinaire. Mais j'espère **faire mon chemin** dans la société.

Did you **really** mean it when you said that you could love a simple man?"

Vous le pensiez **vraiment** quand vous disiez que vous pourriez aimer un homme ordinaire ? »

"I really did," she said.

« Tout à fait », confirma-t-elle.

"I work at a restaurant," said he. The girl drew back a little. "Not as a waiter?" she asked.

« Je travaille dans un restaurant », déclara-t-il. La fille eut un léger mouvement de recul. « En tant que serveur ? » demanda-t-elle.

"I am a cashier in that restaurant you see over there with that brilliant electric sign: 'Restaurant'."

« Non, je travaille en tant que caissier dans le restaurant que vous voyez là-bas avec l'enseigne lumineuse qui affiche : ' Restaurant '. »

The girl looked at het watch and rose. "Why you are not at work?" she asked.

La fille consulta sa montre et se leva. « Pourquoi n'êtes-vous pas au travail ? » l'interrogea-t-elle.

"I am on the night shift," replied the young man, "it is still an hour till my work begins. May I hope to see you again?"

« Je travaille de nuit, » répondit le jeune homme. « Il me reste encore une heure avant de commencer. Aurais-je le bonheur de vous revoir ? »

"I don't know, **perhaps**. I must go now. There is a dinner and concert tonight. Maybe you noticed a white automobile at the gate of the park when you came?"

« Je ne sais pas, **peut-être**. Je dois y aller maintenant. J'ai un dîner et un concert ce soir. Peut-être avez-vous remarqué un luxueux véhicule blanc à l'entrée du parc en arrivant ? »

"Yes, I did," said the young man.

« Oui, en effet », dit le jeune homme.

"I always come in it. The driver is waiting for me there. Good night."

« Je viens toujours dans celui-ci. Mon chauffeur m'attend là-bas. Bonne nuit. »

"But it's almost dark now," said the young man, "and the park is full of **rude** men. May I accompany you to the car?"

« Attendez, il fait presque nuit maintenant », dit le jeune homme, « et le parc est plein d'hommes **grossiers**. Puis-je vous accompagner jusqu'à la voiture ? »

"No, you will remain on this bench for ten minutes after I have left." And she went away.

« Non, vous resterez sur ce banc pendant dix minutes après mon départ, » l'enjoignit-elle, puis elle partit.

The young man looked at her elegant figure while she was walking to the entrance of the park. Then he rose and followed here.

Le jeune homme observa sa gracieuse silhouette tandis qu'elle se dirigeait vers l'entrée du parc. Puis il se leva et la suivit.

When she reached the park gate, she turned her head and looked at the car, then walked by it, crossed the street and entered the restaurant with the brilliant electric sign: 'Restaurant'.

Lorsqu'elle parvint à l'entrée du parc, elle tourna la tête et regarda la voiture, puis elle passa à côté, traversa la rue et entra dans le restaurant avec l'enseigne lumineuse indiquant « Restaurant ».

A red-haired girl left the cashier's desk, and the girl in grey took her place.

Une fille aux cheveux roux quitta le comptoir de la caisse et la fille en gris prit sa place.

The young man put his hands into his pockets and walked slowly down the street. Then he **stepped into** the white automobile and said to the driver: "To the club, Henry."

Le jeune homme mit ses mains dans ses poches et marcha lentement dans la rue. Puis il **monta dans** le luxueux véhicule blanc et dit au chauffeur : « Au club, Henry ! »

Key Vocabulary:

- **la tombée de la nuit** n.f. – twilight.
- **sobre** adj. – simple, plain; sober
- **précédent** adj. – previous, preceding.
- **approcher** v.intr.– to approach, to come near.
- **tomber** v.intr.– to fall.
- **ramasser** v.tr. – to pick up; to collect.
- **préférer** v.tr. – to prefer; like doing [sth] better.
- **glacial** adj. – freezing, icy; (fig.[hostile]) cold, chilly.
- **faute** n.f. – fault, mistake.
- **heureux** adj. – happy.
- **corrompu** adj. – corrupt; spoiled
- **lasser** v.tr. – to bore, to tire; leave [sb] tired.
- **faire mon chemin** – to gain ground; *[here: find one's place in society]*.
- **vraiment** adv. – really, truly, actually.
- **peut-être** adv. – perhaps, possibly, maybe.
- **grossiers** adj. – impolite, rude.

- **monter dans** v.tr. – get in/into [sth].

2. **Ruthless** *(after W. de Mille)* / **Impitoyable** *(d'après W. de Mille)*

Judson Webb was an American businessman.

Judson Webb était un homme d'affaires américain.

He had a **comfortable** apartment in New York but in the summer he used to leave the dusty city and go to the country.

Il avait un appartement **confortable** à New York, mais en été, il avait l'habitude de quitter la ville poussiéreuse et de se rendre à la campagne.

There he had a cottage which **consisted** of three rooms, a bathroom and a kitchen.

Là-bas, il avait un chalet qui **comportait** trois pièces, une salle de bain et une cuisine.

In one of the rooms there was a big closet where Mr. Webb kept his **guns**, **fishing rods**, wine and other things.

Dans l'une des pièces, il y avait un grand placard où M. Webb gardait ses **fusils**, ses **cannes à pêche**, son vin et d'autres choses.

He loved his possessions and even his wife was not allowed to have a key to the closet.

Il aimait ses possessions et même sa femme n'avait pas le droit d'avoir la clé du placard.

It was autumn now and Judson was packing his things for the winter. In a few minutes he would be going back to New York.

On était désormais en automne et Judson rangeait ses affaires pour l'hiver. Dans quelques minutes, il repartirait à New York.

As he looked at the shelf where he usually kept the whiskey, his face become serious.

En regardant l'étagère où il gardait habituellement le whisky, son visage devint sérieux.

All the bottles were unopened **except** one. It was placed invitingly in front with a whiskey-glass by its side.

Aucune des bouteilles n'avait été ouverte, **sauf** une. Elle était placée de manière tentante devant lui, avec un verre à whisky à côté.

The bottle was less than **half** full. As he took the bottle from the shelf, Helen, his wife, spoke from the next room:

La bouteille était moins qu'à **moitié** pleine. Alors qu'il prenait la bouteille sur l'étagère, Helen, sa femme, lui parla depuis la pièce voisine :

"I've packed everything. Hasn't Alec come to get the keys?" Alec lived in the **neighborhood** and acted as caretaker.

« J'ai tout préparé. Alec n'est pas venu chercher les clés ? » Alec habitait dans le **quartier** et faisait office de gardien.

"**He's** at the lake **pulling** the boat out of the water. He said he would be back in half an hour!"

« **Il est** au lac en **tirant** le bateau hors de l'eau. Il a dit qu'il serait de retour dans une demi-heure ! »

Helen came into the room carrying the suitcase. She stopped and looked in surprise as she saw the bottle in her husband's hand.

Helen entra dans la pièce en portant la valise. Elle s'arrêta et jeta un regard surpris en voyant la bouteille dans la main de son mari.

"Judson," she exclaimed, "you're not **taking a drink** at ten in the morning, are you?"

« Judson, » s'exclame-t-elle, « tu ne vas pas **prendre un verre** à dix heures du matin, n'est-ce pas ? »

"No, dear. I'm not drinking anything out of this bottle. **I am** just **putting** something **into** it."

« Non, ma chère. Je ne bois rien de cette bouteille. **Je mets** juste quelque chose **dedans**. »

He took two small white pills out of his pocket and put them on the table. Then **he opened** the bottle.

Il sortit deux petites pilules blanches de sa poche et les posa sur la table. Puis **il ouvrit** la bouteille.

"The person who broke into my closet last winter and stole my whiskey will probably try **to do it again** while we are away," he went on, "**only** this time he'll be very sorry if he comes."

« La personne qui s'est introduite dans mon placard l'hiver dernier et qui a volé mon whisky essaiera probablement de **recommencer** pendant notre absence, » poursuivit-il, « **seulement** cette fois, il sera très désolé s'il vient. »

Then one by one he dropped the pills into the bottle and held it up to watch them **dissolve**. His wife looked at him in horror.

Puis, une par une, il fit tomber les pilules dans la bouteille et la tendit pour les voir se **dissoudre**. Sa femme le regarda, horrifiée.

"What are they?" she asked him at last. "Will they make the man **sick**?"

« Qu'est-ce que c'est ? lui demanda-t-elle enfin. Est-ce qu'elles vont rendre l'homme **malade** ?

"Not only sick. They will kill him," he answered with satisfaction.

« Pas seulement malade. Elles le tueront », répondit-il avec satisfaction.

He closed the bottle and put it back on **the shelf** near the little whiskey-glass. He was pleased. Then he said:

Il referma la bouteille et la remit sur **l'étagère** près du petit verre à whisky. Il était satisfait. Puis il dit :

"Now, Mr. Thief, when you come back, drink as much whiskey as you wish…"

« Maintenant, M. le voleur, quand vous reviendrez, buvez autant de whisky que vous le souhaitez… »

Helen's face was pale.

Le visage d'Helen était pâle.

"Don't do it, Judson," she cried. "It's horrible, it's murder!"

« Ne fais pas ça, Judson, a-t-elle crié. C'est horrible, c'est un meurtre !

"The law does not call it murder if I shoot a thief who is **breaking into** my house by force."

« La loi n'appelle pas ça un meurtre si je tire sur un voleur qui **entre** chez moi **par effraction**. »

"Don't do it," she begged, "the law does not punish **burglary** by death, what rights have you?"

« Ne fait pas ça, supplia-t-elle, la loi ne punit pas le **cambriolage** par la peine de mort, quels droits as-tu ? »

"When it comes to protecting my property, I make my own laws."

« Quand il s'agit de protéger mes biens, je fais mes propres lois. »

He was now like a big dog which was afraid that somebody would take away his bone.

Il ressemblait désormais à un gros chien qui a peur que quelqu'un lui prenne son os.

"But all they did was to steal a little whiskey," she said, "probably some boys. They did not do any real damage."

« Mais tout ce qu'ils ont fait, c'est voler un peu de whisky, » dit-elle, « probablement quelques jeunes. Ils n'ont pas fait de réels dégâts. »

"It does not matter. If a man robs me of five dollars it is the same as if he took a hundred. A thief is a thief."

« Cela n'a pas d'importance. Si un homme me vole cinq dollars, c'est la même chose que s'il m'en prenait cent. Un voleur est un voleur. »

She made one **last** effort to convince him.

Elle tenta une **dernière** fois de le convaincre.

"We won't return here again till next spring. I shall worry all the time knowing that this bottle full of poison is here.

« Nous ne reviendrons pas ici avant le printemps prochain. Je vais m'inquiéter en permanence en sachant que cette bouteille pleine de poison est ici.

Suppose something happens to us and nobody knows..."

Supposons que quelque chose nous arrive et que personne ne le sache... »

He laughed at her sincerity.

Il se mit à rire devant sa sincérité.

"We'll risk it," he said. "I've made my money by taking risks. If I die, **it will** all **belong** to you, and you can do as you please."

« Nous prendrons le risque, » a-t-il dit. « J'ai gagné mon argent en prenant des risques. Si je meurs, tout t'**appartiendra**, et tu pourras faire ce que tu veux. »

She knew it was **useless** to argue. He had **always** been ruthless in business. She went to the door with a sigh of defeat.

Elle savait qu'il était **inutile** de discuter. Il avait **toujours** été impitoyable en affaires. Elle se dirigea vers la porte avec un soupir de défaite.

"I'll walk down the road and say goodbuy at the farmhouse," she said **quietly**.

« Je vais descendre à pied et dire au revoir à la ferme », dit-elle **doucement**.

She had made up her mind to tell everything to caretaker's wife. Somebody had to know.

Elle avait pris la décision de tout dire à la femme du gardien. Quelqu'un devait savoir.

"All right, my dear," he smiled, "and don't worry about your poor little **burglar**. No one is going to be hurt **unless** he breaks in."

« Très bien, ma chère, » dit-il en souriant, « et ne t'inquiète pas pour ton pauvre petit **cambrioleur**. Personne ne sera blessé, **sauf s**'il entre par effraction. »

Helen went down the road and Judson started to close the closet door.

Helen descendit la route et Judson commença à fermer la porte du placard.

Then he suddenly **remembered** that he had not packed his hunting boots that were drying outside on the heavy table in the garden.

Puis il **se souvint** soudain qu'il n'avait pas emballé ses bottes de chasse qui séchaient dehors sur la lourde table du jardin.

So, leaving the door open, he went to get them.

Alors, laissant la porte ouverte, il alla les chercher.

But while he was taking his boots he suddenly slipped on a stone and his head struck the massive table as he fell.

Mais pendant qu'il récupérait ses bottes, il glissa soudainement sur une pierre et sa tête heurta la table massive pendant sa chute.

Several minutes later he felt a strong arm round him and Alec's voice saying:

"It's all right, Mr. Webb, it was not a bad fall. Take this – it will make you feel better."

Quelques minutes plus tard, il sentit un bras fort l'entourer et la voix d'Alec lui dire :

« Tout va bien, M. Webb, ce n'était pas une mauvaise chute. Prenez ceci, vous vous sentirez mieux. »

A small whiskey-glass was **pressed** to his lips. Half-conscious he drank.

Un petit verre de whisky fut **pressé** sur ses lèvres. A moitié conscient, il buvait.

Key Vocabulary:

- **confortable** adj. – comfortable.
- **là-bas** adv. – over there; **là** – there.
- **comporter** v.tr. – contain, include; consist of, be made up of.
- **fusil** n.m. – rifle, gun.
- **canne à pêche** n.f. – fishing rod; **canne** – cane, walking stick.
- **sauf** prép. – except.
- **moitié** n.f. – half.
- **quartier** n.m. – neighborhood; district, quarter.
- **tirer** v.tr. – to pull; **tirer ... de** – to pull [sth/sb] from.

- **verre** n.m. – glass *(transparent material or drinking ~).*
- **prendre** v.tr. – to take; **prendre un verre** – to have a drink.
- **mettre** v.tr. – to put, to place.
- **dedans** adv. – inside; in.
- **ouvrir** v.tr. – to open.
- **recommencer** v.rf. – start/begin (to do sth) again.
- **seulement** adv. – only.
- **dissoudre** v.tr. – to melt, to dissolve.
- **malade** adj. – ill, sick.
- **étagère** n.f. – shelf.
- **entrer par effraction** – break-in/into; force an entry.
- **cambriolage** n.m. – burglary.
- **dernière** adj. – last, final.
- **appartenir à** v.tr. – to belong to sb.
- **inutile** adj. – useless, pointless.
- **toujours** adv. – always.
- **doucement** adv. – softly, quietly.
- **cambrioleur** n.m. – burglar.
- **sauf si** conj. – unless, except if.
- **se souvenir de** v.intr. – to remember; to recall (sth).
- **premere** v.tr. [prè-me-re] – to press; to push (button etc.).

3. **Jimmy Valentine's reformation** *(after O. Henry)* / **La transformation de Jimmy Valentine** *(d'après O. Henry)*

A guard came to the prison shoe **shop** where Jimmy Valentine was working and took him to the prison office.

Un garde entra dans le **magasin** de chaussures de la prison où travaillait Jimmy Valentine et le conduisit au bureau de la prison.

There the warden **handed** Jimmy his **pardon**, which has been **signed** that morning by the governor.

Là, le directeur a **donné** à Jimmy sa **grâce**, **signé** le matin même par le gouverneur.

Jimmy took it **quietly**; he was too tired **to show** excitement. He had been in prison nearly ten months and he had been **sentenced** to four years.

Jimmy le prit **tranquillement** ; il était trop las pour se **montrer** euphorique. Il était en prison depuis près de dix mois et il avait été **condamné** à quatre ans.

True, he had expected to stay only about three months, at the longest. He had a lot of friends and he was sure they would help him.

Certes, il s'était attendu à rester trois mois, tout au plus. Il avait de nombreux amis et il savait que ceux-ci l'aideraient.

"Now, Valentine," said the warden, "You'll get out in the morning. You're not a bad fellow really. Stop **breaking open** safes and be honest."

« Donc, Valentin, » dit le directeur, « tu sortiras demain matin. Tu n'es pas vraiment un mauvais gars. Cesse de **forcer** les coffres-forts et sois honnête. »

"Me?" said Jimmy, in surprise. "Why, I've never broken open a safe in my life."

« Moi ? » s'exclama Jimmy, surpris. « Mais je n'ai jamais forcé de coffre-fort de ma vie… »

"Of course not" laughed the warden. "And what about that Springfield job? Do you mean to say you didn't take part in it?"

« Bien sûr que non, » rit le directeur. « Et qu'en est-il de ce coup à Springfield ? Tu veux peut-être me dire que tu n'y as pas participé ? »

"Me?" said Jimmy even more surprised. "Warden, I've never been to Springfield in my life!"

« Moi ? » s'exclama Jimmy davantage surpris. « Directeur, je n'ai jamais mis les pieds à Springfield de ma vie ! »

"Take him back," the warden said to the guard smiling, "and give him some **clothes**.

« Ramenez-le ! » dit le directeur au garde en souriant, « et donnez-lui des **vêtements**.

Tomorrow unlock him at seven and bring him to the office. You better think over my advice, Valentine."

Demain, libérez-le de sa cellule à sept heures et amenez-le au bureau. Tu ferais mieux de réfléchir à mes conseils, Valentine. »

At a quarter past seven the next morning Jimmy stood in the warden's office.

Le lendemain matin, à sept heures et quart, Jimmy se trouvait dans le bureau du directeur.

He **wore** a badly fitting suit and the cheap shoes that the state gives to prisoners, when they are set free.

Il **portait** un costume mal ajusté et les chaussures bon marché que l'État pourvoit aux prisonniers, lorsqu'ils sont sur le point d'être libérés.

The clerk **handed** him a railroad ticket and the five-dollar bill with which he was supposed to start a new, honest life.

L'employé lui **remit** un billet de train et un billet de cinq dollars avec lesquels il était censé commencer une nouvelle vie honnête.

The warden gave him a cigar, and they **shook hands**. Valentine, 9762, was registered in the books "Pardoned by Governor," and Mr. James Valentine walked out into the sunshine.

Le directeur lui offrit un cigare et ils **se serrèrent la main**. Valentine, 9762, fut inscrit dans les registres « pardonné par le Gouverneur » et M. James Valentine retrouva la lumière du soleil.

Paying no **attention to** the song of the birds, the green trees, and a smell of the flowers, Jimmy went straight to a restaurant.

Ne **prêtant** aucune **attention au** chant des oiseaux, aux arbres verdoyants et au parfum des fleurs, Jimmy se rendit directement au restaurant.

There he ordered a roast chicken and a bottle of white wine and a better cigar than the one the warden gave him before.

Là, il commanda un poulet rôti et une bouteille de vin blanc, ainsi qu'un meilleur cigare que celui que le directeur lui avait donné auparavant.

After the lunch he walked slowly to the railroad station. He put a quarter into the **hat** of a blind man who was sitting by the door of the station and then took a train.

Après le déjeuner, il se dirigea tranquillement vers la gare. Il déposa cinquante centimes dans le **chapeau** d'un aveugle assis à l'entrée de la gare, puis il prit le train.

Three hours later he arrived at his native town, went directly to the café of his old friend Mike Dolan and shook hands with Mike, who was alone behind the **counter**.

Trois heures plus tard, il arriva dans sa ville natale, se rendit directement au café de son vieil ami Mike Dolan et serra la main de celui-ci, qui se trouvait seul derrière le **comptoir**.

"Sorry we couldn't make it sooner, Jimmy, my boy," said Mike. "It was not easy this time and we had a lot of problems. Are you all right?"

« Désolé de ne pas avoir réussi à faire plus vite, Jimmy, mon p'tit gars », déclara Mike. « Ce n'était pas facile cette fois, et on a rencontré un grand nombre de problèmes. Tu vas bien ? »

"I'm fine," said Jimmy. "Do you have my key?"

« Je vais bien, » confirma Jimmy. « Tu as ma clé ? »

He took the key and went upstairs, **unlocking** the door of his room. Everything was just as he left it.

Il s'empara de la clé et monta à l'étage pour **déverrouiller** la porte de sa chambre. Tout était tel qu'il l'avait laissé.

There on the floor was still the collar-button that had been torn from the **shirt** of Ben Price – the **well-known** detective – when Price had come to arrest Jimmy.

Il y avait encore sur le sol le bouton du col qui avait été arraché de la **chemise** de Ben Price - le **fameux** détective - quand Price était venu arrêter Jimmy.

Jimmy removed a panel in the wall and pulled out a dust-covered suitcase.

Jimmy retira un panneau du mur et en sortit une valise couverte de poussière.

He **opened** it and looked fondly at the finest set of burglar's **tools** in the East. It was a complete set made of special **steel**.

Il l'**ouvrit** et posa avec tendresse le regard sur le meilleur kit d'**outils** de cambrioleur de l'Est. Il s'agissait d'un kit complet en **acier** spécial.

The set **consisted** of various tools of the latest design. He had invented two or three of them himself and was very proud of them.

L'ensemble se **composait** de divers outils de conception récente. Il en avait inventé deux ou trois lui-même et en était très fier.

Over nine hundred dollars they have **cost** him!

Ils lui avaient **coûté** plus de neuf cents dollars !

Half an hour later Jimmy went downstairs. He was now dressed in an elegant new suit and carried his **cleaned** suitcase in his hand.

Une demi-heure plus tard, Jimmy descendit. Il était à présent vêtu d'un élégant costume neuf et portait sa valise **nettoyé** à la main.

"What are you going to do next? To break another safe?" asked Mike Dolan smiling cheerfully.

« Qu'est-ce que tu comptes faire ensuite ? Forcer un autre coffre-fort ? » demanda Mike Dolan en souriant allègrement.

"I don't understand. I'm representing the New York Biscuit Company." This statement delighted Mike to such an extent that he **burst out laughing**.

« Je ne comprends pas. Je représente la New York Biscuit Company. » Cette déclaration amusa tellement Mike qu'il **éclata de rire**.

A week after the release of Valentine, 9762, there was a new burglary in Richmond, Indiana. Only eight hundred dollars were **stolen**.

Une semaine après la libération de Valentine, 9762, un nouveau cambriolage eut lieu à Richmond, Indiana. Seuls huit cents dollars furent **dérobés**.

Two weeks after that another safe was opened and fifteen hundred dollars disappeared; **securities** and silver were untouched.

Deux semaines plus tard, un autre coffre-fort fut forcé et mille cinq cents dollars disparurent ; les **titres** et l'argent furent laissés de côté.

That **began to interest** the detectives. A few days later the Jefferson City Bank was robbed and banknotes amounting to five thousand dollars were taken.

Cela **suscita l'intérêt** des détectives. Quelques jours plus tard, la Jefferson City Bank fut cambriolée et une somme s'élevant à cinq mille dollars en billets fut dérobée.

The amount taken was too high now and it was time for so well-known a detective as Ben Price to begin **investigation**.

La somme dérobée était cette fois relativement élevée, il était temps pour le célèbre détective Ben Price de se lancer dans l'**enquête**.

Ben Price investigated the scenes of the robberies and **noticed** a striking similarity in the methods of the burglaries and later he was heard to say:

Ben Price enquêta sur les scènes des vols et **remarqua** une similitude frappante dans le mode des cambriolages et, plus tard, on l'entendit dire :

"That's all Jimmy Valentine's work. He's **resumed** business.

« C'est un travail signé Jimmy Valentine. Il a **repris** les affaires.

Only he has those fine tools that can open any safe without leaving **the slightest** trace. Yes, it is Mr. Valentine."

Lui seul dispose d'outils aussi élaborés capables d'ouvrir n'importe quel coffre-fort sans laisser **la moindre** trace. Oui, c'est bien M. Valentine. »

One afternoon Jimmy Valentine and his suitcase **got off** a train in Elmore, a little town in Arkansas.

Un après-midi, Jimmy Valentine, muni de sa valise, **descendit** d'un train à Elmore, une petite ville de l'Arkansas.

Jimmy, looking like a student who had just come home from college, walked out of the station and went **toward** the hotel.

Avec l'allure d'un étudiant revenant chez lui de l'université, Jimmy sortit de la gare et se dirigea **vers** un hôtel.

A young lady **crossed** the street, passed him at the corner and entered a door **over** which was the sign "The Elmore Bank."

Une jeune femme **traversa** la rue, passa devant lui à l'angle et entra par une porte **au-dessus** de laquelle figurait l'enseigne « The Elmore Bank ».

Jimmy Valentine looked into her eyes, forgot what he was, and **became** another man.

Jimmy Valentine la regarda dans les yeux, oublia ce qu'il était et **devint** un autre homme.

She lowered her eyes and **blushed** slightly. Young man of Jimmy's style and looks were scarce in Elmore.

Elle baissa les yeux et **rougit** légèrement. Les jeunes hommes au style et à l'allure de Jimmy étaient rares à Elmore.

Jimmy **called** a boy who was standing on the steps of the bank as if he were one of the stockholders, and began to ask him questions about the town, giving the boy dimes **from time to time**.

Jimmy **appela** un garçon qui se tenait sur les marches de la banque comme s'il en était l'un des actionnaires, et se mit à lui poser des questions concernant la ville, tout en lui remettant **de temps à autre** des pièces de dix centimes.

After a short while the young lady came out, passed Jimmy again, **pretending** not to see him, and went on her way.

Au bout d'un moment, la jeune femme sortit, passa à nouveau devant Jimmy en **faisant semblant** de ne pas le voir, et poursuivit son chemin.

"Isn't that young lady Miss Polly Simpson?" asked Jimmy shrewdly.

« Cette jeune femme n'est-elle pas Mademoiselle Polly Simpson ? » s'enquit habilement Jimmy.

"No," said the boy. "She is Annabel Adams. Her father owns this bank. "

« Non, » dit le garçon. « C'est Annabel Adams. Son père est le propriétaire de cette banque. »

Jimmy went to the Planters' Hotel, registered as Ralph D. Spencer, and reserved a room.

Jimmy se rendit au Planters' Hotel, s'enregistra sous le nom de Ralph D. Spencer, et réserva une chambre.

He leaned on the desk and stated his intentions to the clerk. He said he had come to Elmore **to start** business.

Il se pencha sur le comptoir et fit part de ses intentions à l'employé. Il prétendit être venu à Elmore pour **démarrer** une entreprise.

How was the **shoe** business now in the town? Was it worthwhile opening a shoe store?

Comment se portait ces temps-ci le commerce de la **chaussure** dans la ville ? Valait-il la peine d'ouvrir un magasin de chaussures ?

The clerk was impressed by the clothes and manner of Jimmy and he was ready **to give** the young man any information he desired.

L'employé fut impressionné par les vêtements et les manières de Jimmy, aussi il se tint prêt à **fournir** au jeune homme toutes les informations qu'il désirait.

Yes, it **was worthwhile** investing in the shoe business, he thought. There wasn't a shoe store in the town.

Oui, ça **valait la peine** d'investir dans le commerce de la chaussure, pensait-il. Il n'y avait aucun magasin de chaussures dans la ville.

The business appeared to be a good idea from any point of view.

L'entreprise semblait être une bonne idée à tous points de vue.

"I hope, Mr. Spencer, you'll decide to stay in Elmore. You'll find it a **pleasant** town to live in, and the people are very nice," continued the clerk.

« J'espère, M. Spencer, que vous déciderez de rester à Elmore. Vous verrez que c'est une ville **agréable** à vivre et les gens sont très gentils », poursuivit l'employé.

Mr. Spencer said that he would stay for a few days and consider the situation.

M. Spencer informa qu'il resterait quelques jours pour examiner la situation.

The clerk wanted to call the boy to carry up the suitcase, but Mr. Spencer said that he would carry his suitcase himself; it was rather heavy.

L'employé voulut appeler le bagagiste pour qu'il porte la valise, mais M. Spencer lui dit qu'il se chargerait lui-même de celle-ci ; elle était plutôt lourde.

Mr. Ralph Spencer, the phoenix that arose from Jimmy Valentine's ashes – ashes left by the flame of a sudden attack of love – remained in Elmore and **prospered**.

M. Ralph Spencer, le phénix né des cendres de Jimmy Valentine - cendres laissées par la flamme d'un soudain élan amoureux - resta à Elmore et **prospéra**.

He opened a shoe store and was making large profits. In all other respects he was also a success.

Il ouvrit un magasin de chaussures et réalisa de gros bénéfices. À tous les autres égards, il connut également le succès.

He was popular with many important people and had many friends. And he fulfilled the **wish** of his heart.

Il était populaire auprès de nombreuses personnes importantes et comptait de nombreux amis. Et il exauça le **souhait** de son cœur.

He met Miss Annabel Adams and fell deeply in love with her.

Il rencontra Mlle Annabel Adams et tomba profondément amoureux d'elle.

After a year the situation of Mr. Ralph Spencer was this: he had won the respect of most the **inhabitants** of the place, his shoe store was prospering, and he and Annabel were to be married in two weeks.

Au bout d'un an, la situation de M. Ralph Spencer était la suivante : il avait gagné le respect de la plupart des **habitants** de l'endroit, son magasin de chaussures prospérait, et lui et Annabel devaient se marier dans deux semaines.

Mr. Adams, Annabel's father, who was a typical country banker, approved of Spencer.

M. Adams, le père d'Annabel, un typique banquier de campagne, appréciait Spencer.

Annabel herself was **proud** of her fiancé. In fact her pride almost equaled to her affection.

Annabel elle-même était **fière** de son fiancé. En fait, sa fierté était presque égale à son affection.

One day Jimmy sat down in his room and **wrote** this letter which he sent to the address of one of his old friends:

Un jour, Jimmy s'assit dans sa chambre et **écrivit** une lettre qu'il envoya à l'adresse d'un de ses vieux amis :

"Dear Old Chap,

I want you to be at Brown's Café, in Little Rock, next Wednesday at nine o'clock in the evening. I want you to do something for me.

« *Mon vieux pote,*

Je veux que tu me retrouves au Brown's Café, à Little Rock, mercredi prochain à neuf heures du soir. Je veux que tu fasses quelque chose pour moi.

*And, also, I want to make you a **present** of my tools. I know you'll be glad to have them – you couldn't get such a set for a thousand dollars.*

Et je souhaite aussi te faire **cadeau** de mes outils. Je sais que tu seras heureux de les avoir – tu ne dégoterais pas un tel kit même pour mille dollars.

*Billy, I **gave up** the old business a year ago. I am making an honest living now and in two weeks I'm going to marry the finest girl on earth.*

Billy, j'ai **laissé tomber** mon ancienne activité il y a un an. Je gagne honnêtement ma vie à présent et dans deux semaines, je vais épouser la plus belle fille du monde.

*I wouldn't **touch** a dollar of another man's money now for a million.*

À présent, je ne **toucherais** pas un dollar de l'argent d'un autre homme pour un million.

After I get married, I'm going to sell my shoe store and move west, where there won't be a danger of meeting people who knew me before.

Après mon mariage, je vais vendre mon magasin de chaussures et déménager dans l'ouest, où je ne risque pas de rencontrer des gens qui me connaissaient avant.

I tell you, Billy, she's an angel.

Je te le dis, Billy, c'est un ange.

*She **believes** in me and I would never do another wrong thing for the whole world. Do come to Brown's, because I must see you. I'll bring the tools with me.*

*Elle **croit** en moi et pour rien au monde je ne referais quelque chose de mal. Rejoins-moi chez Brown, je dois absolument te voir. J'apporterai les outils avec moi.*

Your old friend,

Jimmy."

Ton vieil ami,

Jimmy. »

On the Monday night after Jimmy wrote this letter, Ben Price, the detective, arrived in Elmore. He **walked around** town until he found what he wanted to know.

Le lundi soir, après que Jimmy ait écrit cette lettre, Ben Price, le détective, débarqua à Elmore. Il **se promena** en ville jusqu'à ce qu'il eût découvert ce qu'il voulait savoir.

From the pharmacy across the street from Spencer's shoe store he took a good look at Ralph D. Spencer.

De la pharmacie en face du magasin de chaussures de Spencer, il a bien regardé Ralph D. Spencer.

"Going to marry the banker's daughter, are you, Jimmy?" said Ben to himself, softly. "Well, I don't know!"

« Tu vas épouser la fille du banquier, n'est-ce pas, Jimmy ? » marmonna Ben à lui-même. « Eh bien, je n'en suis pas si sûr ! »

The next morning Jimmy took breakfast at the Adams' house.

Le lendemain matin, Jimmy prit le petit déjeuner chez les Adams.

He was going to Little Rock that day to order his wedding suit and **buy** something nice for Annabel.

Il se rendait à Little Rock ce jour-là pour commander son costume de mariage et **acheter** une petite attention à Annabel.

That would be the first time he had left town since he came to Elmore.

Ce serait la première fois qu'il quittait la ville depuis son arrivée à Elmore.

After breakfast the whole family went for a walk together: Mr. Adams, Annabel, Jimmy, and Annabel's married sister with her two little girls, ages five and nine.

Après le petit déjeuner, toute la famille partit ensemble se promener : M. Adams, Annabel, Jimmy et la sœur mariée d'Annabel avec ses deux petites filles âgées de cinq et neuf ans.

They passed by the hotel where Jimmy still stayed, and he ran up to his room and brought his suitcase. Then they went on to the bank.

Ils passèrent devant l'hôtel où Jimmy logeait encore, et celui-ci courut jusqu'à sa chambre pour y récupérer sa valise. Ils poursuivirent ensuite jusqu'à la banque.

There at the bank stood Jimmy's **horse** and buggy and the coachman who was going to drive him to a railroad station. All went inside the bank – Jimmy included.

Là, à la banque, se trouvaient le **cheval** et la calèche de Jimmy, ainsi que le cocher qui allait le conduire à la gare. Tout le monde entra à l'intérieur la banque, Jimmy y compris.

The clerks were pleased to be greeted by the good-looking, pleasant young man who was going to marry Miss Annabel. Jimmy put his suitcase down.

Les employés étaient heureux d'être salués par le charmant et aimable jeune homme qui allait épouser Mlle Annabel. Jimmy posa sa valise.

Annabel whose heart was beating with happiness and youth, put on Jimmy's hat, and picked up the suitcase.

Annabel, dont le cœur battait de joie et de jeunesse, mit le chapeau de Jimmy sur sa tête et s'empara de la valise.

"Don't I look nice?" said Annabel. "Oh, my, Ralph, how heavy it is! It **weighs** as much as if it were full of gold bricks."

« Ne suis-je pas mignonne comme ça ? » dit Annabel. « Oh la la ! Ralph, comme elle est lourde ! Elle **pèse** autant qu'une valise pleine de lingots d'or. »

"There are a lot of nickel shoehorns there," said Jimmy coolly, "that I'm going to return.

« Elle comporte de nombreux chausse-pieds en nickel, » déclara tranquillement Jimmy, « que je dois rendre.

I decided to take them myself so that to avoid unnecessary expenses. I'm getting **awfully** economical."

J'ai décidé de les ramener moi-même pour éviter des dépenses inutiles. Je deviens **affreusement** économe. »

The Elmore Bank had just put in a new safe and vault.

L'Elmore Bank venait d'installer un nouveau coffre-fort et une chambre forte.

Mr. Adams was very proud of the vault and insisted that everyone should take a look at it. The vault was a small one, but it had a new modern door.

M. Adams était très fier du coffre-fort et insista pour le montrer à tout le monde. Le coffre-fort était petit, mais doté d'une nouvelle porte moderne.

It fastened with three steel **bolts** and had a security system to open it at predetermined hours.

Celle-ci était fixée par trois **boulons** en acier et disposait d'un système de sécurité pour l'ouvrir à des heures prédéterminées.

Mr. Adams enthusiastically explained how it works to Mr. Spencer, who, however, didn't seem to take a great interest in it.

M. Adams expliqua avec enthousiasme son fonctionnement à M. Spencer, qui ne sembla pas s'y intéresser outre mesure.

The two children May and Agatha were delighted to see the shining metal and the funny clock.

Les deux enfants May et Agatha étaient ravies de pouvoir admirer le métal brillant et la drôle d'horloge.

While they were thus engaged, Ben Price, the detective, walked into the bank and **leaned** on his **elbow**, looking casually inside between the railings.

Pendant qu'ils étaient ainsi occupés, Ben Price, le détective, entra dans la banque et s'**appuya** sur un **coude**, regardant avec désinvolture à l'intérieur entre les guichets.

He told the cashier that he didn't want anything; he was just waiting for a man he knew.

Il dit au caissier qu'il ne voulait rien ; il attendait juste une connaissance.

Suddenly there was a terrible scream from the women. Unseen by the elders, May, the nine-year-old girl, while playing with her sister, had shut her in the vault.

Soudain, les femmes poussèrent un terrible cri. Passant outre la surveillance des aînés, May, la fillette de neuf ans, en jouant avec sa sœur, l'avait enfermée à l'intérieur du coffre.

The old banker **grabbed** the handle and tugged at it for a moment.

Le vieux banquier se **saisit** de la poignée et tira dessus un moment.

"The door can't be opened," he cried out. "The clock has not been wound."

« On ne peut pas ouvrir la porte, » s'exclama-t-il. « L'horloge n'a pas été remontée. »

Agatha's mother screamed again, hysterically.

La mère d'Agatha cria à nouveau, hystérique.

"Hush!" said Mr. Adams, raising his trembling hand. "All be quiet for a moment. Agatha!" he called as loudly as he could.

« Chut ! » fit M. Adams en levant une main tremblante. « Taisez-vous tous un instant. Agatha ! » l'appela-t-il aussi fort qu'il le put.

"Listen to me..." During the following silence they could hear the faint **sound** of the child crying in the dark vault.

« Écoute-moi… » Lors du silence qui s'ensuivit, ils perçurent le faible **son** des pleurs de l'enfant au cœur du sombre coffre.

"My darling!" cried the mother. "She will die of **fright**! Open the door! Oh, break it open! Can't you men do something?"

« Ma chérie ! » pleura la mère. « Elle va mourir de **peur** ! Ouvrez la porte ! Oh, forcez-la ! Vous, les hommes, vous ne pouvez pas faire quelque chose ? »

"There isn't a man nearer than Little Rock who can open that door," said Mr. Adams in a trembling voice.

« Aucun homme plus proche que Little Rock n'est en mesure d'ouvrir cette porte, » déclara M. Adams d'une voix tremblante.

"My God! Spencer, what shall we do? That child – she can't stand it long in there. There isn't enough air, and, besides she'll go mad from fright."

« Mon Dieu ! Spencer, que peut-on faire ? Cette enfant ne va pas tenir longtemps là-dedans. Il n'y a pas suffisamment d'air, sans compter que la peur risque de la rendre folle.

Agatha's mother **beat** the door of the vault wildly with her hands. Somebody suggested dynamite.

La mère d'Agatha **frappa** sauvagement la porte du coffre-fort avec ses mains. Quelqu'un suggéra d'utiliser de la dynamite.

Annabel turned to Jimmy, her large eyes full of horror, but not yet despairing.

Annabel se tourna vers Jimmy, ses grands yeux emplis de terreur, mais pas encore désespérés.

To a woman nothing seems impossible to the powers of the man she loves.

Pour une femme, rien ne semble impossible aux pouvoirs de l'homme qu'elle aime.

"Can't you do something, Ralph – try, won't you?" He looked at her with a strange, soft smile on his lips and in his eyes.

« Tu ne peux pas faire quelque chose, Ralph... au moins essayer ? » Il la regarda avec un étrange et doux sourire sur les lèvres et dans les yeux.

"Annabel," he said, "give me that rose you are wearing, will you?"

« Annabel, » dit-il, « donne-moi cette rose que tu portes, veux-tu ? »

Hardly believing that she heard him correctly she **unpinned** the flower from her dress and gave it to Jimmy.

Bien qu'elle peinât à comprendre sa requête, elle **détacha** la fleur de sa robe et la remit à Jimmy.

He put it into his vest-pocket, threw off his coat and pulled his shirt **sleeves**. With that act Ralph D. Spencer passed away and Jimmy Valentine took his place.

Il la glissa dans la poche de sa veste, se débarrassa de son manteau et rebroussa les **manches** de sa chemise. Par cet acte, Ralph D. Spencer mourut et Jimmy Valentine reprit sa place.

"Get away from the door, all of you," he commanded, shortly.

« Éloignez-vous tous de la porte, » ordonna-t-il aussitôt.

He put his suitcase on the table and opened it. From that moment on he seemed to be unaware of the presence of anyone else.

Il posa sa valise sur la table et l'ouvrit. Dès lors, il sembla oublier la présence des autres.

He took out strange instruments quickly and orderly, whistling to himself as he always did when he was at work.

Il retira prestement et en ordre d'étranges instruments, tout en sifflotant pour lui-même comme il avait coutume de le faire quand il travaillait.

In the deep silence the others watched him dumbfounded.

Dans un profond silence, les autres l'observaient, stupéfaits.

In ten minutes – breaking his own burglarious record – he opened the door. Agatha's mother rushed into the vault and took the child, who was very weak, but safe.

En dix minutes - battant son propre record de cambriolage - il ouvrit la porte. La mère d'Agatha se précipita dans le coffre-fort et récupéra l'enfant, qui était fort affaiblie, mais en sécurité.

Jimmy Valentine put on his coat and walked towards the front door.

Jimmy Valentine enfila son manteau et se dirigea vers la porte d'entrée.

As he went, it seemed to him he heard a voice that he once knew call "Ralph". But he didn't stop for an instant.

En marchant, il lui sembla entendre une voix qu'il avait connue autrefois appeler « Ralph », mais il ne s'arrêta pas.

At the door a big man stood in his way.

À la porte, un homme imposant lui barrait la route.

"Hello, Ben!" said Jimmy, still with his strange smile. "At last you're here, are you? Well, let's go. I don't think it matters much now."

« Salut, Ben ! » dit Jimmy, toujours avec son étrange sourire. « Vous voilà enfin ! Eh bien, allons-y. Je ne pense pas que ça ait beaucoup d'importance maintenant. »

And then Ben Price acted rather strangely.

Or Ben Price agit d'une manière fort étrange.

"I guess, you're mistaken, Mr. Spencer," he said, "I don't believe I **recognize** you. Your buggy's waiting for you, isn't it?"

« Je pense que vous vous trompez, M. Spencer, » dit-il, « je ne crois pas vous **reconnaître**. Votre calèche vous attend, non ? »

And Ben Price turned and walked down the street.

Et Ben Price fit volte-face et s'éloigna dans la rue.

Key Vocabulary:

- **magasin** n.m. – shop, store.
- **donner** v.tr. – to give, to hand (over).
- **grâce** n.f. – pardon, mercy.
- **signer** v.tr. – to sign.
- **montrer** v.tr. – to show, to display.
- **tranquillement** adv. – quietly, calmly.
- **condamner** v.tr. – to condemn; to sentence.
- **forcer** v.tr. – to force/break open, crack *(safe)*.

- **vêtements** n.m.pl. – clothes.
- **porter** v.tr. –to wear *(habitually)*; to have on *(at time of speaking)*.
- **remettre** v.tr. – (=donner) to hand/give [sth] over to sb.
- **serrer** v.tr. – to squeeze, to tighten, to grip.
  se ~ la main – to shake hands.
- **prêter** [qch] **à** [qqn] v.tr. – to lend, to loan.
  ~ attention à [qqn/qch] – *(lit.)* to *lend* (pay) attention to [sth/sb].
- **chapeau** n.m. – hat.
- **comptoir** n.m. – counter.
- **déverrouiller** v.tr. – to unlock.
- **chemise** n.f. – shirt.
- **ouvrir** v.tr. – to open.
- **acier** n.m. – steel.
- **fameux** adj. – famous, well-known.
- **outil** n.m. – tool, instrument.
- **consister** v.tr. – to comprise, to include; consist of.
- **coûter** v.intr.– to cost *(worth a certain price)*.
- **nettoyer** v.tr. – to clean.
- **éclater de rire** – burst out laughing; **éclater** v.tr. – to burst, to explode.
- **dérober** v.tr. – to steal.
- **titres** n.mpl. – (finance) securities, fonds; titre n.m. – title, headline.
- **susciter** v.tr – to arouse, provoke; ~ **l'intérêt** – to arouse interest.
- **enquête** n.f. – inquiry, investigation.
- **remarquer** v.tr. – to notice, note.
- **reprendre** v.tr. – to resume; take/pick [sth] up again.
- **moindre** adj. – lower, least; **le** ~ – the slightest (any at all).
- **descendre** v.intr.– get off, get off [sth] (train, bus, plane etc.).

- **vers** prép. – toward, towards; to, in the direction of [sth/sb].
- **traverser** v.tr. – to cross, cross over.
- **au-dessus** (de) prép. – above.
- **devenir** v.tr. – become; (change into [sth/sb]).
- **rougir** v.intr.– to blush; turn red.
- **appeler** v.intr. – to call, call to [sb]; call for [sb/sth].
- **de temps à autre** – from time to time.
- **faire semblant** – to pretend, to fake.
- **démarrer** v.tr. – to start.
- **chaussure** n.f. – shoe.
- **fournir** v.tr. – to supply; to give.
- **valoir la peine** – be worthwhile, (to be worth it).
- **agréable** adj. – pleasant, agreeable.
- **prospérer** v.intr.– to do well, to prosper.
- **souhait** n.m. – wish, desire.
- **habitant** n.m.|f. – resident; inhabitant.
- **fier** adj. – proud.
- **écrire** v.intr.– to write.
- **cadeau** n.m. – gift, present.
- **laisser tomber** – give up; (figurative) walk away from, let go of [sth].
  Laisser tomber ! – Forget it! Drop it!
- **toucher** v.tr. – to touch.
- **croire** v.tr. – to believe.
- **se promener** – to go for a walk, to take a walk.
- **acheter** v.tr. – to buy; purchase.
- **cheval** n.m. – horse.
- **peser** v.tr. – to weigh.
- **affreusement** adv. – terribly, awfully.
- **boulon** n.m. – bolt; nut and bolt.
- **appuyer** v.tr. – to lean.
- **coude** n.m. – elbow.

- **saisir** v.tr. – to grab, to grasp; take hold of [sth].
- **son** n.m. – sound.
- **peur** n.f. – fear, fright.
- **frapper** v.tr. – to hit, strike.
- **détacher** v.tr. – to detach, unfasten, unpin; untie
- **manche** n.f. – sleeve.
- **reconnaître** v.tr. – to recognize; acknowledge.

4. Art for heart's sake *(after R. Goldberg)* / L'art pour le cœur *(d'après R. Goldberg)*

Mr. Smith was sitting in his library room reading the newspaper. There was a knock at the door and his servant Koppel came in.

M. Smith était installé dans sa bibliothèque et lisait le journal. On frappa à la porte et son domestique Koppel entra.

"Will you take your orange juice, sir?" the servant said gently to his master.

« Allez-vous prendre votre jus d'orange, monsieur ? » dit doucement le domestique à son maître.

"No," answered Mr. Smith.

« Non, » répondit M. Smith.

"But it's good for you, sir. It's the doctor's orders."

« Mais c'est bon pour vous, monsieur. Ce sont les ordres du médecin. »

"No."

« Non. »

Koppel heard the front doorbell and was glad to leave the room. He found the doctor in the hall downstairs.

Koppel entendit la sonnette de la porte d'entrée et fut heureux de quitter la pièce. Il trouva le docteur dans le hall en bas.

"I can't do anything with the old man," he said to the doctor. "He doesn't want to take his juice. He doesn't want me to read to him. He **hates** the radio. He doesn't like anything."

« Je ne peux rien faire avec le vieil homme, » a-t-il dit au médecin. « Il ne veut pas prendre son jus. Il ne veut pas que je lui fasse la lecture. Il **déteste** la radio. Il n'aime rien du tout. »

Doctor Jones received the information with his usual professional **calm**. He had thought a lot about his patient since his last visit. This was not an ordinary case.

Le docteur Jones accueillit l'information avec son **calme** professionnel habituel. Il avait beaucoup pensé à son patient depuis sa dernière visite. Ce n'était pas un cas ordinaire.

The old gentleman was in rather good **shape** for a man of seventy-six. But something had to be done with him.

Le vieux monsieur était plutôt en bonne **forme** pour un homme de soixante-seize ans. Mais il était nécessaire de faire quelque chose pour lui.

He needs to be kept from buying things. The fact is that the old man suffered considerably from his purchases.

Il fallait l'empêcher d'acheter des choses. Le fait est que le vieil homme avait beaucoup souffert de ses achats.

His **latest** heart attack happened after his disastrous purchase of a railroad in one of the Western States.

Sa **dernière** crise cardiaque survint après l'achat désastreux d'un chemin de fer dans l'un des États de l'Ouest.

Another attack was the result of the bankruptcy of some grocery shops, which he had bought at a very high price.

Une autre attaque était due à la faillite de certaines épiceries, qu'il avait achetées à un prix très élevé.

All these purchases had to be liquidated at a great sacrifice both to his **health** and to his **pocketbook**.

Tous ces achats durent être liquidés au prix d'un grand sacrifice, tant pour sa **santé** que pour son **portefeuille**.

The doctor once again **reflected** on all this before he entered his patient's room. He approached Mr. Smith smiling.

Le docteur **réfléchit** une fois de plus à tout cela avant d'entrer dans la chambre de son patient. Il se rapprocha de M. Smith en souriant.

"Well, how's the young man today?"

« Eh bien, comment va le jeune homme aujourd'hui ? »

"Umph," came from the figure in the armchair.

« Umph, » répondit la silhouette dans le fauteuil.

"I hear you don't **obey** orders," went on the doctor.

« J'ai entendu dire que vous n'**obéissez** pas aux ordres, » a poursuivi le médecin.

"Who can give me orders at my age?"

« Qui peut me donner des ordres à mon âge ? »

The doctor took a chair and sat down close to the old man.

Le docteur prit une chaise et s'assit près du vieil homme.

"I have a proposition for you," he said quietly.

« J'ai une proposition à vous faire », dit-il doucement.

The old man looked at him **suspiciously** over his glasses.

Le vieil homme le regarda **avec méfiance** par-dessus ses lunettes.

"What is it? More medicine, more automobile rides, more **nonsense** to keep me away from business?"

« Qu'est-ce que c'est ? Plus de médicaments, plus de promenades en voiture, plus de **bêtises** pour m'éloigner des affaires ? »

"How would you like to study art?"

« Que diriez-vous d'étudier l'art ? »

"Nonsense."

« Absurde. »

"I don't mean seriously, just for fun."

« Je ne veux pas dire de manière sérieuse, juste pour le plaisir. »

"Nonsense."

« C'est absurde. »

"All right," the doctor stood up. "It was just a suggestion, that's all."

« Très bien, » le docteur se leva. « C'était juste une suggestion, c'est tout. »

"Where did you get this crazy idea?"

« D'où vous vient cette idée folle ? »

"Well, it's only a suggestion."

« Eh bien, ce n'est qu'une suggestion. »

"But, Jones, how can I start, that is, if I am **foolish** enough to do it?"

« Mais, Jones, comment puis-je commencer, enfin, si je suis assez **fou** pour le faire ? »

"I've thought of that too. I can get a **student** from one of the art schools.

« J'y ai pensé aussi. Je peux faire appel à un **étudiant** de l'une des écoles d'art.

He would come here once a week and give you lessons. If you don't like it after a little while, you can send him away."

Il viendrait ici une fois par semaine et vous donnerait des leçons. Si cela ne vous plaît pas au bout d'un certain temps, vous pourrez le renvoyer. »

Doctor Jones went to his friend, the director of an Art Institute, and explained the situation.

Le docteur Jones a été trouver son ami, le directeur d'un institut d'art, et lui a expliqué la situation.

The director found a suitable person - a young man of eighteen named Frank Swain, who was a gifted student.

Le directeur trouva une personne appropriée - un jeune homme de dix-huit ans nommé Frank Swain, qui était un étudiant talentueux.

He needed the money. He was working as a bellboy at night to pay for his studies at the Institute.

Il avait besoin d'argent. Il travaillait comme groom la nuit pour payer ses études à l'Institut.

The young man was **introduced** to the doctor. You may imagine how **delighted** he was when he heard the doctor's offer. Five dollars a lesson! Fine!

Le jeune homme a été **présenté** au docteur. Vous pouvez imaginer à quel point il était **ravi** quand il a entendu l'offre du docteur. Cinq dollars par leçon ! Parfait !

The next afternoon Frank came to Mr. Smith's study. The old man looked at him suspiciously.

Le lendemain après-midi, Frank se rendit dans le bureau de M. Smith. Le vieil homme le regarda avec méfiance.

"Sir, I am not an artist yet," said the young man.

« Monsieur, je ne suis pas encore un artiste », dit le jeune homme.

The old man **murmured** something.

Le vieil homme **murmura** quelque chose.

Frank arranged some paper and pencils on the table.

Frank disposa du papier et des crayons sur la table.

"Let's **try** to draw that vase over there," he suggested.

« **Essayons** de dessiner ce vase là-bas, » suggéra-t-il.

"Umph." The old man took a pencil and made a **scrawl**.

« Umph. » Le vieil homme a pris un crayon et a fait un **gribouillage**.

He made another scrawl and **connected** them with a couple of lines. Then he looked at the result with satisfaction.

Il fit un autre gribouillage et les **relia** par quelques lignes. Puis il regarda le résultat avec satisfaction.

Frank was patient. He needed the five dollars.

Frank fut patient. Il avait besoin des cinq dollars.

"If you want to draw something, you'll have to look at what you are drawing, sir.

« Si vous voulez dessiner quelque chose, vous devez regarder ce que vous dessinez, monsieur.

Will you look at the vase again?" Frank said gently.

Pouvez-vous regarder à nouveau le vase ? » Frank dit doucement.

The old man obeyed. Then he said:

Le vieil homme obéit. Puis il dit :

"The vase is **really** quite pretty. I never noticed it before."

« Le vase est **vraiment** très joli. Je ne l'avais jamais remarqué auparavant. »

At that moment the servant came in bringing a glass of juice for his master.

À ce moment-là, le domestique entra, apportant un verre de jus de fruit pour son maître.

"Oh, it's orange juice again," said Mr. Smith. Frank left.

« Oh, c'est encore du jus d'orange, » dit M. Smith. Frank partit.

When he came the following week there was a **drawing** on the table that had a slight resemblance to the vase.

Quand il revint la semaine suivante, il y avait sur la table un **dessin** qui avait une légère ressemblance avec le vase.

The old man asked him: "Well, what do you think of it?"

Le vieil homme lui demanda : « Eh bien, qu'en penses-tu ? »

"Not bad, sir," answered Frank. "But it's **a little** crooked."

« Pas mal, monsieur, » répondit Frank. « Mais il est **un peu** de travers. »

"I see. The halves do not match," the old man agreed.

« Je vois. Les moitiés ne vont pas ensemble, » dit le vieil homme.

He added a few lines and colored the open spaces with a blue pencil.

Il ajouta quelques lignes et coloria les espaces libres avec un crayon bleu.

Then he looked towards the door.

Puis il regarda vers la porte.

"Listen, young man," he whispered, "I want to ask you something before old 'orange juice' comes back."

« Écoute, jeune homme, » murmura-t-il, « je veux te demander quelque chose avant que ce bon vieux 'jus d'orange' ne revienne. »

"Yes, sir," replied Frank respectfully."

« Oui, monsieur, » répondit Frank respectueusement.

"Could you come twice a week or perhaps three times?"

« Pourrais-tu venir deux fois par semaine ou peut-être trois ? »

"Surely, Mr. Smith."

« Certainement, » M. Smith.

"Good. Let's make it Monday, Wednesday and Friday. Four o'clock."

« Bien. Disons les lundi, mercredi et vendredi. A quatre heures. »

The servant entered the room and was surprised to see that this time his master was willing to take his juice.

Le domestique entra dans la pièce et fut surpris de voir que, cette fois, son maître était prêt à prendre son jus.

As weeks went by Frank's visits became more frequent.

Au fil des semaines, les visites de Frank sont devenues plus fréquentes.

Now when the doctor came to see Mr. Smith, the old man was talking a lot about art.

Désormais, lorsque le médecin venait voir M. Smith, le vieil homme parlait beaucoup d'art.

He also proudly demonstrated the stains of paint on his heavy **silk** dressing gown.

Il montrait aussi fièrement les taches de peinture sur sa robe de chambre en **soie** épaisse.

He did not **allow** his servant to send it to the cleaner's. The reason was that he wanted to show the doctor how hard he had been **working**.

Il ne **permettait** pas à son domestique de l'envoyer à la blanchisserie. La raison était qu'il voulait montrer au docteur à quel point il avait **travaillé** dur.

The doctor's advice appeared to be working for Mr. Smith. There were no more purchases of companies that cost a lot of money.

Les conseils du docteur semblaient fonctionner pour M. Smith. Il n'y avait plus d'achats d'entreprises qui coûtaient beaucoup d'argent.

No more crazy transactions which ruined his health. Art was a complete cure for his financial troubles.

Plus de transactions folles qui ruinaient sa santé. L'art était un remède complet pour ses problèmes financiers.

The doctor allowed his patient to visit art galleries and exhibitions with Frank. An **entirely** new world opened its mysteries.

Le médecin a autorisé son patient à visiter des galeries d'art et des expositions avec Frank. Un monde **entièrement** nouveau s'ouvrit à lui.

The old man seemed to take a great interest in the galleries and the painters displayed in them.

Le vieil homme semblait s'intéresser de près aux galeries et aux peintres qui y étaient exposés.

How were the galleries managed? Who **selected** the pictures for the exhibitions? An idea was forming in his brain.

Comment les galeries étaient-elles gérées ? Qui **sélectionnait** les tableaux pour les expositions ? Une idée germait dans son esprit.

When spring came and the trees were in **bloom** Mr. Smith drew a picture which he called "Trees Dressed in White".

Lorsque le printemps arriva et que les arbres furent en **fleurs**, M. Smith fit un tableau qu'il appela « Arbres Vêtus de Blanc ».

The picture was **awful** but **nevertheless** the old man announced that he wanted to exhibit it in the summer show at the Lathrop Gallery.

Le tableau était **affreux**, mais le vieil homme annonça **néanmoins** qu'il voulait le présenter à l'exposition d'été de la galerie Lathrop.

The summer show at this gallery was the biggest art exhibition of the year in quality, if not in size.

L'exposition d'été de cette galerie était la plus grande exposition d'art de l'année en termes de qualité, sinon de taille.

The lifetime dream of every artist in the United States was a Lathrop prize.

Le rêve de toute une vie de chaque artiste aux Etats-Unis était un prix Lathrop.

And it was in this show that Mr. Smith was going to exhibit his "Trees Dressed in White," which looked like **salad dressing** which somebody had thrown on the wall of a house.

Et c'est dans cette exposition que M. Smith allait exposer ses « Arbres Vêtus de Blanc », qui ressemblaient à de la **vinaigrette** que quelqu'un avait jetée sur le mur d'une maison.

"If the papers write about this, Mr. Smith will become a **laughingstock**. We must stop him," Frank said in horror.

« Si les journaux écrivent à ce sujet, M. Smith deviendra **la risée de tous**. Nous devons l'arrêter, » dit Frank, horrifié.

"No," protested the doctor. "We can't do that now. We may **spoil** all the good work we have done."

« Non, » protesta le docteur. « Nous ne pouvons pas faire ça maintenant. Nous pourrions **gâcher** tout le bon travail que nous avons fait. »

To the **astonishment** of all three – and **especially** Frank – "Trees Dressed in White" was accepted for the Lathrop Show.

À la **stupéfaction** des trois - et **surtout** de Frank – « Arbres Vêtus de Blanc » fut accepté pour l'exposition de Lathrop.

Not only was Mr. Smith crazy, thought Frank, but the Lathrop Gallery was crazy too.

Non seulement M. Smith était fou, pensait Frank, mais la galerie Lathrop l'était aussi.

Fortunately, the painting was displayed in a dark corner where visitors could hardly see it.

Heureusement, le tableau était exposé dans un coin sombre où les visiteurs pouvaient à peine le voir.

Frank came to the gallery one afternoon and blushed to the ears when he saw "Trees Dressed in White" – an ugly splash on the wall.

Frank se rendit à la galerie un après-midi et rougit jusqu'aux oreilles lorsqu'il vit « Arbres Vêtus de Blanc » - une affreuse éclaboussure sur le mur.

When two students stopped before the picture, laughing, Frank **ran away** in terror. He did not **want** to hear what these young men had to say.

Lorsque deux étudiants se sont arrêtés devant le tableau en riant, Frank **s'est enfui**, terrorisé. Il ne **voulait** pas entendre ce que ces jeunes hommes avaient à dire.

During the show the old man continued taking his lessons and did not talk about his picture.

Pendant l'exposition, le vieil homme continua à prendre ses leçons et ne parla pas de son tableau.

But every time Frank entered the room he found Mr. Smith **chuckling**.

Mais chaque fois que Frank entrait dans la pièce, il trouvait M. Smith en train de **glousser**.

May be the old man was crazy. And it was strange that the Lathrop committee encouraged him by accepting his picture.

Peut-être le vieil homme était-il fou. Et il était étrange que le comité de Lathrop l'encourage en acceptant son tableau.

Two days before the **close** of the exhibition a long official looking envelope was delivered to Mr. Smith while Frank, Koppel and the doctor were in the room.

Deux jours avant la **clôture** de l'exposition, une longue enveloppe d'aspect officiel fut remise à M. Smith alors que Frank, Koppel et le médecin étaient dans la pièce.

"Read it to me," asked the old man. "My eyes are tired from painting."

« Lisez-la-moi, » demanda le vieil homme. « Mes yeux sont fatigués par la peinture. »

"It gives the Lathrop Gallery pleasure to announce that the First Prize of $1,000 has been awarded to Mr. Collis P. Smith for his painting 'Trees Dressed in White'".

« *La Lathrop Gallery a le plaisir d'annoncer que le premier prix de 1 000 dollars a été attribué à M. Collis P. Smith pour son tableau 'Arbres Vêtus de Blanc'* ».

Frank and Koppel were astonished. The doctor showing his usual professional **self-control** said:

Frank et Koppel furent stupéfaits. Le docteur, faisant preuve de son habituel **sang-froid** professionnel, dit :

"**Congratulations**, Mr. Smith! Of course, I did not expect such great news.

« **Félicitations**, M. Smith ! Bien sûr, je ne m'attendais pas à une si grande nouvelle.

But, but well, now you'll have to admit that art brings much more satisfaction than business."

Mais, mais bon, maintenant vous devrez admettre que l'art apporte beaucoup plus de satisfaction que les affaires. »

"Art is nothing," said the old man. "I **bought** the Lathrop Gallery last month."

« L'art n'est rien, » répondit le vieil homme. « J'ai **acheté** la galerie Lathrop le mois dernier. »

Key Vocabulary:

- o **détester** v.tr. – to hate, to detest.
- o **calme** n.m. – calm, serenity; adj. – quiet, calm, peaceful.
- o **forme** n.f. – shape, form.
- o **falloir** v.impers. – be needed; (passive) need to be.
- o **dernier** adj. – last; latest, most recent.
- o **santé** n.f. – health; **santé !** – cheers!
- o **portefeuille** n.m. – wallet, billfold; pocketbook.
- o **réfléchir** v.intr. –to reflect, to think.
- o **obéir à** v.tr. – to obey; do as [sb] says.
- o **méfiance** n.f. – suspicion; **avec** ~ – suspiciously.
- o **bêtise** n.f. – stupidity; **bêtises** n.fpl. – nonsense.
- o **fou** adj. – insane, mad, foolish; nutty, loony.
- o **étudiant** n.m. – student.
- o **venir** v.intr.– to come; *Il viendra demain* – *he'll come tomorrow*.
- o **présenter** [qqn] **à** [qqn] v.tr. – to present; to introduce.
- o **ravi** adj. – delighted, thrilled.

- **murmurer** v.intr.– to murmur, whisper; mutter.
- **essayer** v.tr. – to try; to test; ~ **de faire** [qch] – try to do [sth].
- **gribouillage** n.m. – scribble, scrawl.
- **relier** v.tr. – to join, connect, link.
- **vraiment** adv. – truly, really.
- **dessin** n.m. – drawing, picture, sketch.
- **un peu** adv. – a little.
- **soie** n.f. – silk.
- **permettre** v.tr. – to permit, to allow.
- **travailler** v.intr.– to work.
- **entièrement** adv. – entirely, completely.
- **sélectionner** v.tr. – select, choose.
- **fleur** n.f. – (on plant) flower; (on tree) blossom, bloom.
- **affreux** adj. – awful, terrible.
- **néanmoins** adv. – nevertheless, nonetheless.
- **vinaigrette** n.f. – (sauce) vinaigrette, seasoning, French dressing.
- **la risée de** [qqn/qch] – the laughingstock of [sth/sb].
- **gâcher** v.tr. – to ruin; to spoil.
- **stupéfaction** n.f. – stupefaction, astonishment.
- **surtout** adv. – especially, particularly.
- **heureusement** adv. – fortunately, luckily.
- **s'enfuir** v.pron. – to flee, to run away.
- **vouloir** v.tr. – to want, desire.
- **glousser** v.intr.– to giggle, chuckle.
- **clôture** n.f. – closing, close.
- **sang-froid** n.m. – self-control.
- **félicitations** n.fpl. – congratulations (complements).
- **acheter** s.f. – to buy, purchase.

5. **Friends in San Rosario** *(after O. Henry)* /
Amis à San Rosario *(d'après O. Henry)*

The train stopped at San Rosario at 8:20 a.m. A man with a **thick**, black leather bag in his hand left the train and **walked** rapidly up the main street of the town.

Le train s'arrêta à San Rosario à 8h20. Un homme, un **épais** sac en cuir noir à la main, quitta le train et **marché** rapidement le long de la rue principale de la ville.

He was short but strongly built, with very light hair and a determined face. He was dressed in a fashionable style.

Il était petit mais bien bâti, avec des cheveux très clairs et un air déterminé. Il portait une tenue à la mode.

After walking a short distance he came to the center of the town's business area.

Après avoir parcouru une courte distance, il arriva au centre de la zone commerciale de la ville.

Upon one corner stood the post office. Upon another the big clothing store.

À un angle de la rue se trouvait le bureau de poste. À un autre, le grand magasin de vêtements.

The other two **opposing** corners were occupied by the town's two banks – the First National and the Stockmen's National.

Aux deux autres angles **opposés** se trouvaient les deux banques de la ville : la First National et la Stockmen's National.

The newcomer quickly entered the First National and stopped at the cashier's window.

Le nouveau venu entra rapidement dans la First National et s'arrêta au guichet du caissier.

The bank opened for business at nine, but the clerks have already come and each man was preparing his **department** for the workday.

La banque ouvrait ses portes à neuf heures, mais les commis étaient déjà arrivés et chacun d'eux préparait son **service** pour la journée de travail à venir.

The **cashier**, Mr. Edlinger, was checking the mail when he noticed the stranger standing at his counter.

Le **guichetier**, M. Edlinger, vérifiait le courrier lorsqu'il remarqua l'étranger qui se tenait à son comptoir.

"The bank does not open until nine," he said.

« La banque n'ouvre pas avant 9 heures, » dit-il.

"I know about that," said the other man in a cool tone. "Will you kindly take my business card?"

« Je suis au courant, » dit l'autre homme d'un ton froid. « Auriez-vous l'amabilité de prendre ma carte de visite ? »

The cashier took the card and read:

Le guichetier prit la carte et lut :

I. F. C. Nettlewick, National Bank Examiner

I. F. C. Nettlewick, inspecteur de la Banque nationale.

"Oh – er – will you come inside, Mr. – er – Nettlewick," **he stammered**, "you see it's your first visit.

« Oh... euh... voulez-vous entrer, Monsieur... euh... Nettlewick, » **balbutia-t-il,** « vous voyez, c'est votre première visite.

Well, of course... I didn't know you... Come in, please."

Évidemment... Je ne vous connaissais pas... Entrez, je vous en prie. »

The examiner quickly entered the room, where he was introduced to **each** employee by Mr. Edlinger.

L'inspecteur s'introduisit prestement dans la pièce, où il fut présenté à **chaque** employé par M. Edlinger.

"I was expecting Sam Turner soon," said Mr. Edlinger. "Sam has been examining us for about four years.

« Je m'attendais à la visite prochaine de Sam Turner », dit M. Edlinger. « Sam nous évalue depuis environ quatre ans.

I suppose you'll find us in good condition, considering the current depression in business."

J'imagine que vous nous trouverez en de bonnes conditions, compte tenu de la dépression actuelle dans le milieu des affaires. »

"Mr. Turner and I have been ordered **to exchange** districts," said the examiner in a formal tone.

« M. Turner et moi avons reçu l'ordre d'**échanger** nos districts, » dit l'inspecteur d'un ton formel.

"He will examine the banks in Illinois and Indiana now. Well, I will check the **cash** first, please."

« Il inspectera désormais les banques de l'Illinois et de l'Indiana. Je voudrais tout d'abord contrôler les **espèces**, s'il vous plaît. »

The assistant cashier was already arranging the cash on the counter for the examiner's inspection.

Le guichetier adjoint était déjà en train de disposer l'argent sur le comptoir en vue du contrôle de l'inspecteur.

He knew it was all there up to a cent, and he had nothing **to fear**, but he still was nervous.

Il savait que tout était là, au centime près, et qu'il n'avait rien à **craindre**, mais il était tout de même nerveux.

And so was every man in the bank. There was something so icy and unpleasant about this man that his very presence frightened everybody.

Et c'était le cas de chaque personne à la banque. Il y avait quelque chose de si glacial et désagréable chez cet homme que sa seule présence effrayait tout le monde.

He seemed to be a person who would never make or **overlook** an error.

Il avait l'air du genre de personne qui ne commettait jamais d'erreur ou n'en **négligeait** aucune.

Mr. Nettlewick first took the bills and with a rapid movement counted all the packages.

M. Nettlewick s'empara en premier des billets et, d'un geste rapide, compta toutes les liasses.

Then he checked the bills in each package. He counted every nickel and dime. He carefully **weighed** every sack of silver.

Puis il vérifia les billets dans chaque liasse. Il compta chaque pièce de cinq et dix centimes. Il **pesa** soigneusement chaque sac d'argent.

This new examiner was so different from Sam Turner.

Ce nouvel inspecteur était totalement différent de Sam Turner.

Sam would enter the bank with a cheerful greeting, smoke a cigar, and tell the latest stories he had heard. His way of counting the cash was different too.

Sam entrait dans la banque en saluant gaiement, fumait un cigare et racontait les derniers ragots entendus. Sa manière de compter l'argent divergeait également.

He would just put the fingers on the packages of bills and look at a few sacks of silver and everything was done. Nickels and dimes?

Il posait simplement les doigts sur les liasses de billets, vérifiait quelques sacs d'argent, et c'était tout. Les pièces de 5 et 10 centimes ?

Not for Sam Turner. But Turner was a Texan, an old friend of the bank's president, and had known the cashier since he was a baby.

Pas pour Sam Turner. Mais Turner était un Texan, un vieil ami du président de la banque, et il connaissait le guichetier depuis qu'il était bébé.

While the new examiner was counting the cash, Major Thomas B. Kingman – known to everyone as "Major Tom" – the president of the First National, **drove** up to the bank and came inside.

Pendant que le nouvel inspecteur comptait les espèces, le Major Thomas B. Kingman - connu de tous sous le nom de « Major Tom » - président de la First National, **conduisit** jusqu'à la banque, puis entra.

He saw the examiner counting the money, went into the little room where his desk was, and began to look through his letters.

Il vit l'inspecteur compter l'argent, entra dans la petite pièce où se trouvait son bureau et se mit à consulter ses lettres.

Before his arrival, a little incident has occurred which escaped the sharp eyes of the examiner.

Avant son arrivée, un petit incident s'était produit qui avait échappé à l'œil aiguisé de l'inspecteur.

When examiner had begun his work the cashier has **winked** at the **office boy** and nodded his head towards the front door.

Lorsque l'inspecteur avait commencé son travail, le guichetier avait **fait un clin d'œil** au garçon de bureau et désigné de la tête la porte d'entrée.

The boy understood, took his hat and walked out of the bank.

Le garçon avait compris, avait pris son chapeau et était sorti de la banque.

He went straight to the Stockmen's National. That bank was also getting ready to open.

Il s'était rendu directement à la Stockmen's National. Cette banque se préparait aussi à ouvrir.

"Listen," he said approaching some of the clerks. "There's a new examiner at our bank.

« Écoutez, » dit-il en s'approchant de plusieurs employés. « Il y a un nouvel inspecteur dans notre banque.

He's very precise and is counting all the nickels. Mr. Edlinger wanted me **to let** you **know**."

Il est très pointu et compte toutes les pièces de 5 centimes. M. Edlinger tenait à ce que je vous en **informe**. »

Mr. Buckley, president of the Stockmen's National – a **stout**, elderly man, looking like a farmer dressed for Sunday – heard the boy from his private office and called him.

M. Buckley, le président de la Stockmen's National - un homme âgé et **corpulent** qui ressemblait à un fermier vêtu de ses habits du dimanche - entendit le garçon depuis son bureau privé et l'appela.

"Has Major Kingman come to the bank yet?" he asked the boy.

« Le Major Kingman est-il déjà arrivé à la banque ? » demanda-t-il au garçon.

"Yes, sir, he was just driving up as I left."

« Oui, monsieur, il arrivait en voiture quand je suis parti. »

"I want you **to take** him a note. Put it into his own hands."

« Je veux que vous lui **apportiez** un mot. Remettez-lui en mains propres. »

Mr. Buckley sat down and began to write.

M. Buckley s'assit et se mit à écrire.

The office boy **returned** and handed to Major Kingman the envelope containing the note. The major read it, folded it, and put it into his pocket.

Le messager **revint** et remit au major Kingman l'enveloppe contenant le mot. Le major le lut, le plia et le mit dans sa poche.

He leaned back in his chair for a few moments deep in thought and then rose and went into the vault.

Il s'adossa à sa chaise pendant quelques instants pour réfléchir, puis se leva et se rendit dans la chambre forte.

He opened the safe and took out the packages of **discounted** bills with related securities. He put the documents on the desk and began to sort them out.

Il ouvrit le coffre et en sortit les paquets de billets **escomptés** avec les titres correspondants. Il posa les documents sur le bureau et commença à les trier.

By this time Nettlewick had finished counting cash. He opened his black **notebook**, wrote down a few figures in it and looked at the assistant cashier.

À ce point, Nettlewick avait fini de compter l'argent. Il ouvrit son **carnet** noir, y nota quelques chiffres et regarda l'assistant-guichetier.

That look seemed to say: "You are safe this time but…"

Ce regard semblait dire : « C'est bon pour cette fois, mais... »

"Cash all correct," he said.

« Les espèces sont correctes, » dit-il.

Then he went up to the **bookkeeper** and for a few minutes examined the ledger.

Puis il s'approcha du **comptable** et examina pendant quelques minutes le registre.

"How often do you balance your account books?" he demanded suddenly.

« À quelle fréquence effectuez-vous la balance de vos comptes ? » demanda-t-il soudain.

"Er – once a month," answered the frightened bookkeeper wondering how many years of prison they would give him.

« Euh... une fois par mois, » répondit le comptable effrayé, se demandant combien d'années de prison on lui donnerait.

"All right," said the examiner, turned around and went straight to the chief accountant. Everything there was in order.

« Très bien, » dit l'inspecteur, en faisant demi-tour et en se rendant directement chez le chef comptable. Tout y était en ordre.

Then came the cashier's turn, and Mr. Edlinger **rubbed** his nose and cleaned his glasses nervously while responding to the examiner's questions concerning the state of affairs at the bank.

Puis vint le tour du guichetier, et M. Edlinger se **frotta** le nez et nettoya ses lunettes nerveusement tout en répondant aux questions de l'inspecteur concernant l'état des affaires de la banque.

Then Nettlewick noticed a big man standing near him – a man of about sixty years of age, with a beard, a mass of grey hair, and a pair of **penetrating** blue eyes.

Nettlewick remarqua alors un grand homme qui se tenait près de lui - un homme d'environ soixante ans, avec une barbe, une masse de cheveux gris et une paire d'yeux bleus **pénétrants**.

"Er – Major Kingman, our president – er – Mr. Nettlewick," said the cashier.

« Euh... Major Kingman, notre président... euh... M. Nettlewick, » dit le guichetier.

Two men of very different types shook hands. One was **cold** and formal. The other was friendly, open and closer to nature.

Les deux hommes d'un genre fort différent se serrèrent la main. L'un était **froid** et formel. L'autre était amical, accessible et plus proche de la nature.

Tom Kingman had been a cowboy, soldier, sheriff and **cattleman**. Now, when he was bank president, his old comrades found no change in him.

Tom Kingman avait été cow-boy, soldat, shérif et **éleveur de bétail**. Maintenant qu'il était président de banque, ses anciens camarades trouvaient qu'il n'avait pas changé.

He had made his fortune **when** the price of Texas cattle was high and he had organized the First National Bank of San Rosario.

Il avait fait fortune **lorsque** le prix du bétail texan avait flambé et avait instauré la First National Bank de San Rosario.

Despite his kindness and sometimes unwise generosity towards his old friends, the bank has prospered, because Tom Kingman knew men as well as he knew cattle.

Malgré sa gentillesse et sa générosité parfois imprudente envers ses vieux amis, la banque avait prospéré, car Tom Kingman connaissait les hommes aussi bien que le bétail.

In the latest years the cattle business suffered from a depression and the major's bank was one of the few which did not have big losses.

Ces dernières années, le commerce du bétail avait souffert d'une dépression et la banque du major avait été l'une des rares à ne pas subir de pertes conséquentes.

"And now," said the examiner rapidly, taking his watch out of the pocket, "the last thing is the **loans**. We'll check them, if you please."

« Et maintenant, » dit rapidement l'inspecteur en sortant sa montre de sa poche, « il ne nous reste plus que les **prêts**. Nous allons les vérifier, si vous le voulez bien. »

He had examined the First National at almost record breaking speed – but **thoroughly**, as he did everything.

Il avait inspecté la First National à une vitesse presque record - mais **minutieusement**, comme il le faisait pour tout.

The order that has existed in the bank had helped his work.

L'ordre qui régnait dans la banque lui avait facilité le travail.

There was one other bank in the town. Mr. Nettlewick received from the Government twenty five dollars for each bank that he examined.

Il y avait une autre banque dans la ville. M. Nettlewick recevait du gouvernement vingt-cinq dollars pour chaque banque qu'il inspectait.

He would **probably** be able to check those loans in half an hour.

Il allait **probablement** être en mesure de vérifier les prêts en une demi-heure.

In such case, he could examine the other bank immediately after, and catch the 11:45 train, the **only** train that day that could take him to the next bank he had to examine.

Le cas échéant, il pourrait contrôler l'autre banque juste après, et prendre le train de 11 h 45, le **seul** train de la journée qui pourrait le conduire à la prochaine banque à inspecter.

Otherwise he would have to spend the night and Sunday in this uninteresting Western town. That was **why** the examiner was in a hurry.

Sinon, il devrait passer la nuit ainsi que la journée de dimanche dans cette ville sans intérêt de l'Ouest. C'est **pourquoi** l'inspecteur était pressé.

"Come with me, sir," said Major Kingman in his deep voice.

« Venez avec moi, monsieur, » l'intima le major Kingman de sa voix grave.

"We'll look through them together. Nobody in the bank knows those loans as I do." The two men sat down at the president's desk.

« Nous allons les examiner ensemble. Personne dans la banque ne connaît ces prêts mieux que moi. » Les deux hommes s'assirent au bureau du président.

First the examiner went through the loans at the lightning speed, and added up their total.

D'abord l'inspecteur passa en revue les prêts à une vitesse éclair et en fit la somme.

It matched with the amount of loans indicated in the ledgers. Then he took the larger loans.

Elle correspondait au montant des prêts indiqué dans les registres. Puis il s'empara des prêts les plus importants.

While examining the papers he looked like a **bloodhound** seeking a trail.

Tandis qu'il examinait les documents, il ressemblait à un **limier** cherchant une piste.

Finally he put aside all the notes except a few which he arranged in a neat pile before him, and began a formal little speech.

Finalement, il mit de côté tous les billets, à l'exception de certains qu'il disposa en une pile soignée devant lui, avant de se lancer dans un petit discours formel.

"I find, sir, that the condition of your bank is very good, considering the poor crops and the depression in the cattle business of your state.

« Monsieur, je trouve que l'état de votre banque est relativement bon, compte tenu des mauvaises récoltes et de la dépression dans le commerce du bétail de votre État.

The work seems to be done accurately. And now, there is one more thing, and then I'm done with the bank.

Le travail semble être fait avec précision. À présent, il reste une dernière chose, et j'en aurai fini avec la banque.

Here are six loans amounting to $40,000. They are secured by various stocks, **bonds** etc. to the value of $70,000.

Voici six prêts d'un montant de 40 000 $. Ils sont garantis par diverses actions, **obligations**, etc. d'une valeur de 70 000 $.

Those securities are missing. I suppose you have them in your safe. Will you allow me to examine them?"

Ces titres ont disparu. Je suppose que vous les avez dans votre coffre. Me permettez-vous de les vérifier ? »

Major Tom's light blue eyes turned toward the examiner. "No, sir," he said in a low but steady tone, "those securities are not in the safe.

Les yeux bleu clair du Major Tom se braquèrent sur l'inspecteur. « Non, monsieur, » dit-il d'un ton bas mais ferme, « ces titres ne sont pas dans le coffre.

I have taken them. You may hold me personally responsible for their absence."

Je les ai pris. Vous pouvez me tenir personnellement responsable de leur absence. »

Nettlewick felt excited. He had not expected this. The bloodhound had found a **trail**.

Nettlewick sentit l'excitation le gagner. Il ne s'attendait pas à cela. Le limier avait trouvé une **piste**.

"Ah!" said the examiner. He waited a moment, and then continued: "May I ask you for a more detailed explanation?"

« Ah ! » dit l'inspecteur. Il attendit un moment, puis reprit : « Puis-je avoir une explication plus précise ? »

"The securities were taken by me," repeated the major. "It was not for my own use, but to save an old friend in trouble. Come in here, sir, and we'll talk it over."

« J'ai moi-même pris les titres, » répéta le major. « Ce n'était pas pour mon usage personnel, mais pour sauver un vieil ami en difficulté. Venez ici, Monsieur, nous allons en discuter. »

He led the examiner into the bank's private office, and closed the door. There was a desk, and a table, and half a dozen leather covered chairs.

Il conduisit l'inspecteur dans le bureau privé de la banque, et ferma la porte. Il s'y trouvait un bureau, une table et une demi-douzaine de chaises recouvertes de cuir.

On the wall hung the major's old sabre that he had carried many years ago.

Au mur était accroché le vieux sabre du major qu'il portait de nombreuses années auparavant.

After placing a chair for Nettlewick, the major sat down by the window, from which he could see the post office and the building of the Stockmen's National.

Après avoir disposé une chaise pour Nettlewick, le major s'assit près de la fenêtre, d'où il pouvait apercevoir le bureau de poste et le bâtiment du Stockmen's National.

He remained silent and the examiner felt that the ice must be broken somehow.

Il resta silencieux, si bien que l'inspecteur sentit qu'il fallait briser la glace d'une manière ou d'une autre.

So he began: "What you have just said is very serious. You're aware also, of what my duty **compels** me to do.

Il se lança donc : « Ce que vous venez de dire est très grave. Vous savez aussi ce que mon devoir m'**oblige** à faire.

I shall have to report the matter to the United States Commissioner and…"

Je vais devoir en référer au commissaire des États-Unis et… »

"I know, I know," said Major Tom, with a wave of his hand. "You don't suppose I would run a bank **without** knowing the banking laws.

« Je sais, je sais, » dit Major Tom, avec un geste de la main. « Vous ne pensez pas que je dirige une banque **sans** connaître les lois bancaires.

Do your **duty**. I'm not asking any favors. But I've mentioned my friend, and I want to tell you about Bob."

Faites votre **devoir**. Je ne demande aucune faveur. Mais j'ai mentionné mon ami, et je tiens à vous parler de Bob. »

Nettlewick settled himself in his chair. He thought that he would not be able to leave San Rosario that day.

Nettlewick s'installa dans son fauteuil. Il se dit qu'il ne serait pas en mesure de quitter San Rosario ce jour-là.

He would have to obtain a warrant from the United States Commissioner for the arrest of Major Kingman; **perhaps** he would be ordered to close the bank due to the loss of the securities.

Il devrait obtenir un mandat du commissaire des États-Unis pour l'arrestation du major Kingman ; **peut-être** aurait-il l'ordre de fermer la banque en raison de la perte des titres.

It was not the first crime the examiner had discovered. He had seen bankers fall **on** their **knees** and cry like women.

Ce n'était pas le premier crime que l'inspecteur avait découvert. Il avait vu des banquiers tomber **à genoux** et pleurer comme des femmes.

One cashier had shot himself at his desk before him. **None** of them had behaved with the dignity and coolness of this stern old man.

Un guichetier s'était tiré une balle dans la tête à son bureau devant lui. **Aucun** d'entre eux ne s'était comporté avec la dignité et le sang-froid démontrés par ce vieil homme austère.

And then there was something in the president's manner that made Nettlewick stay and listen to his story.

Et puis il y avait quelque chose dans les manières du président qui incitait Nettlewick à rester et à écouter son histoire.

Putting his **elbows** on the arm of his chair the bank examiner waited to hear the story of the president the First National Bank of San Rosario.

Posant les **coudes** sur le bras de sa chaise, l'inspecteur des banques attendit d'entendre l'histoire du président de la First National Bank de San Rosario.

"When a man has been your devoted friend," began Major Tom, "for forty years, and when you can do him a little favor, you feel that you certainly need to do it."

« Quand un homme a été votre ami dévoué, » commença Major Tom, « pendant quarante ans, et que vous pouvez lui rendre un petit service, vous vous y sentez obligés. »

("Steal for him $70,000 worth of securities," thought the examiner.)

(« Voler pour 70 000 $ de titres pour lui, » se dit l'inspecteur.)

"We were cowboys, together. Bob and I," continued the major, "and we looked together for gold and silver in New Mexico and California.

« Nous avons été cow-boys ensemble, Bob et moi, » poursuit le major, « et, ensemble, nous avons cherché de l'or et de l'argent au Nouveau-Mexique et en Californie.

We were both in the war of sixty one (1861) but in different divisions.

Nous avons tous deux pris part à la guerre de soixante et un (1861), mais dans des divisions différentes.

Later we fought Indians **side by side**; we starved in the Arizona Mountains, buried twenty feet deep in snow…

Plus tard, nous avons combattu les Indiens **côte à côte** ; nous sommes presque morts de faim dans les montagnes de l'Arizona, avons été enterrés à vingt pieds de profondeur dans la neige…

well, Bob and I have gone through many hardships since the first time we met in the cowboy's camp and during that time we found it necessary more than once to help each other to overcome difficulties.

en bref, Bob et moi avons traversé de nombreuses épreuves depuis notre première rencontre dans le camp des cow-boys et, pendant cette période, nous avons dû plus d'une fois nous entraider pour surmonter les difficultés.

In those days it was a man's responsibility **to help** his friend when he was in trouble.

À cette époque, il était de la responsabilité d'un homme d'**aider** son ami lorsque celui-ci se trouvait dans l'embarras.

And Bob was a man who would do even more than that for his friend.

Et Bob était un homme prêt à faire bien plus que cela pour un ami.

Twenty years ago I was sheriff of this county, and Bob was my **deputy**. That was before the boom in the cattle trade when we both made our fortunes.

Il y a vingt ans, j'étais shérif de ce comté, et Bob était mon **adjoint**. C'était avant le boom du commerce du bétail, où nous avons tous deux fait fortune.

I was sheriff and **tax** collector at that time. I was married, and we had a boy of four and a girl of six years old.

J'étais shérif et collecteur d'**impôts** à cette époque. J'étais marié, et nous avions un garçon de quatre ans ainsi qu'une fille de six ans.

Next to the courthouse there was a comfortable house in which we lived, rent free, and I was saving some money. Bob did most of the office work.

À côté du palais de justice se trouvait la maison dans laquelle nous vivions, confortable et exempte de loyer, de fait j'économisais un peu d'argent. Bob effectuait la plupart du travail administratif.

Both of us had seen hard times and plenty of danger, and it was wonderful to hear the rain beating against the window at night and be warm and safe.

Nous avions tous deux connu des moments difficiles et affronté de nombreux dangers, aussi c'était merveilleux d'entendre la pluie battre contre la fenêtre la nuit et d'être au chaud et en sécurité.

Plus I had the finest wife and adorable kids, and my old friend with me, enjoying the first fruits of prosperity and white shirts, and I must tell you I was really happy. Yes, I was happy at that time."

En plus, j'avais à mes côtés une femme fantastique et des enfants adorables, sans oublier mon vieil ami, avec qui j'appréciais les premiers fruits de la prospérité et des chemises blanches ; je dois reconnaître que j'étais vraiment heureux. Oui, j'étais heureux à cette époque. »

The major sighed and glanced out of the window. The bank examiner changed his position, and leaned his **chin** upon his hand.

Le major soupira et jeta un œil par la fenêtre. L'inspecteur des banques changea de position et posa le **menton** sur sa main.

"One winter," continued the major, "the money for the taxes came in so fast that I did not have time to take it to the bank for a **week**.

« Un hiver, » poursuivit le major, « l'argent des impôts arriva si vite que je n'ai pas eu le temps de le déposer à la banque durant la **semaine**.

I just put the checks into a cigar box and the money into a sack, and locked them in the big safe that was in the sheriff's office.

J'ai simplement placé les chèques dans une boîte à cigares et l'argent dans un sac, et je les ai enfermés dans le grand coffre qui se trouvait dans le bureau du shérif.

I had worked too hard that week, my nerves were on edge and though I **slept** at night I didn't feel rested.

J'avais travaillé extrêmement dur cette semaine-là, mes nerfs étaient à vif et, même si je **dormais** la nuit, je ne me sentais pas reposé.

The doctor had some scientific word for such condition, and gave me some medicine.

Le médecin avait un mot scientifique pour désigner cet état et m'a donné des médicaments.

On Friday night there was about $6,500 in cash in the bag.

Le vendredi soir, il y avait environ 6 500 $ en liquide dans le sac.

So that night I was worried about money and I went to bed thinking of it, though there was nothing to be nervous about, because the safe was a good one, and nobody except Bob and I knew how to open it.

Cette nuit-là, j'étais préoccupé par l'argent et je me suis couché en y pensant, bien qu'il n'y ait aucune raison d'être nerveux, car le coffre-fort était fiable et personne, à l'exception de Bob et de moi, ne savait comment l'ouvrir.

On Saturday morning I went to the office, as usual.

Le samedi matin, je me suis rendu au bureau, comme à mon habitude.

The safe was locked and Bob was writing on his desk. I opened the safe, and money was gone.

Le coffre était verrouillé et Bob était en train d'écrire sur son bureau. J'ai ouvert le coffre, et l'argent avait disparu.

I called Bob, and **woke up** everybody in the courthouse to announce the robbery.

J'ai appelé Bob, et **réveillé** tout le monde au palais de justice pour dénoncer le vol.

It **struck** me that Bob took it pretty quietly considering the seriousness of the situation.

Le fait que Bob le prit plutôt calmement compte tenu de la gravité de la situation m'a **frappé**.

Two days went by, but we didn't find out anything. It couldn't have been burglars, because the safe had been **opened** in the correct way.

Deux jours se sont écoulés, et nous n'avions fait aucune découverte. Il ne pouvait s'agir de cambrioleurs, car le coffre-fort avait été **ouvert** comme il se devait.

People must have begun to talk, for one afternoon Alice – that's my wife – and the boy and girl **rushed** into the office, and Alice cried:

Les gens durent se mettre à parler, car, un après-midi, Alice - c'est ma femme -, mon garçon et ma fille **se précipitèrent** dans le bureau, et Alice s'écria :

'Tom, Tom! What happened? Tell us!' Alice laid her head on my **shoulder** and cried for the first time since we got married.

« Tom, Tom ! Qu'est-ce qu'il s'est passé ? Dis-nous ! » Alice posa sa tête sur mon **épaule** et pleura pour la première fois depuis notre mariage.

"Jack and Zilla – the children – they were always wild as little tigers when they saw Bob and rushed at him and climbed over him every time they were allowed to come to the courthouse.

« Jack et Zilla - les enfants – se comportaient tels de petits tigres sauvages quand ils voyaient Bob ; ils se précipitaient sur lui et l'enjambaient chaque fois qu'ils étaient autorisés à venir au palais de justice.

But now they stood with their big eyes full of fear. Bob was working at his desk, and he got up and went out without saying a word.

Or à présent, ils se tenaient debout avec leurs grands yeux empreints de frayeur. Bob travaillait à son bureau, il se leva et sortit sans dire un mot.

The next morning he went to the judge and confessed that he had stolen the money. He said he had lost it at cards.

Le lendemain matin, il alla voir le juge et reconnut qu'il avait volé l'argent. Il prétendit l'avoir perdu aux cartes.

In fifteen minutes I **received** a warrant to arrest the man with whom I'd been closer than a thousand brothers for many years.

Quinze minutes plus tard, je **reçus** un mandat d'arrêt pour l'homme dont, depuis des années, je me sentais plus proche que mille frères réunis.

I **showed** the warrant to Bob and said, pointing: "There's my house, and here's my office and out that way is California, and over there is Florida – and that's your range until court meets.

J'ai **montré** le mandat à Bob et lui ai dit, en pointant du doigt : « Voici ma maison, ici mon bureau, de ce côté la Californie, et là-bas la Floride... c'est ton rayon jusqu'à ce que le tribunal se réunisse.

I take the responsibility for you. You must be here when you're called to court."

Je me porte garant pour toi. Tu dois être ici le jour de ta convocation au tribunal. »

"Thanks, Tom," he said a little absent-mindedly: "I knew you wouldn't lock me up.

« Merci, Tom, » dit-il quelque peu distrait. « Je savais que tu ne m'enfermerais pas.

Court meets next Monday, so, if you don't object I'll stay at the office until then.

Le tribunal se réunit lundi prochain, donc, si tu n'y vois pas d'objection, je resterai au bureau jusqu'à cette date.

I've one favor to ask, if it isn't too much. Let the kids come out in the yard sometimes and play there, I'd like it."

J'ai une faveur à te demander, si ce n'est pas abuser. Laisse les enfants venir jouer dans la cour de temps en temps, ça me ferait plaisir. »

"Why not?" I answered. "And come to my house, the same as always."

« Pourquoi pas ? » répondis-je. « Et viens chez moi, comme d'habitude. »

"You see, Mr. Nettlewick, you can't make a friend of a thief, but neither can you make a thief of a friend, all at once."

« Vous voyez, M. Nettlewick, on ne peut pas faire d'un voleur un ami, tout comme on ne peut pas faire d'un ami un voleur. »

The examiner made no answer. At that moment they heard the loud **whistle** of a locomotive approaching the station.

L'inspecteur n'émit aucune réponse. À ce moment-là, ils entendirent le **sifflement** puissant d'une locomotive qui approchait de la gare.

That was the train that was arriving at San Rosario from the south.

C'était le train qui arrivait à San Rosario en provenance du sud.

The major listened for a moment and looked at his watch. The train was on time – 10:35. The major continued:

Le major écouta un moment et consulta sa montre. Le train était à l'heure : 10:35. Le major poursuit :

"So Bob stayed in the office, reading the papers and smoking.

« Bob est resté dans le bureau, à lire les journaux et à fumer.

I took another man to work in his place, and, after a while, the first **excitement** of the case diminished.

J'ai pris un autre homme pour travailler à sa place, et, après un certain temps, l'**effervescence** initiale pour l'affaire s'est atténuée.

"One day when we were alone in the office Bob came up to my desk.

Un jour, alors que nous étions seuls dans le bureau, Bob s'est approché de mon bureau.

He was pale and looked very tired – the same look he used to have when he had been watching for Indians all night.

Il était pâle et avait l'air exténué, le même air qu'il avait l'habitude d'avoir après avoir guetté les Indiens toute une nuit.

" Tom," he said, "it's harder than fighting redskins, it's harder than lying in the desert forty miles from water, but I still intend to go through with this to the end.

« Tom, » m'a-t-il dit, « c'est plus dur que de combattre les peaux rouges, plus dur que d'être allongé dans le désert à 40 miles de tout point d'eau, mais j'ai toujours l'intention d'aller jusqu'au bout.

But if you'd just say 'Bob, I understand,' it would make it so much easier."

Néanmoins si tu me disais juste « Bob, je comprends », ce serait beaucoup plus facile. »

I was surprised. "I don't know what you mean, Bob," I said.

J'étais surpris. « Je ne comprends pas ce que tu entends par là, Bob, » ai-je dit.

"Of course, you know that I would do anything under the sun to help you. But I don't quite understand you."

« Tu sais, bien sûr, que je ferai tout ce qui est en mon pouvoir pour t'aider. Mais je ne saisis pas bien de quoi tu parles. »

"'All right, Tom' was all he said, and he went back to his newspaper and lit another cigar.

« 'Très bien, Tom' », a-t-il simplement dit, puis il est retourné à son journal et a allumé un autre cigare.

"It was the night before court met that I found out what he meant... I went to bed that night with that same old nervous feeling.

C'est la nuit précédant l'audience que j'ai découvert ce qu'il voulait dire... Je m'étais couché ce soir-là avec ce vieux sentiment de nervosité familier.

I fell asleep at about midnight and when I woke up I was standing half-dressed in one of the courthouse corridors.

Je me suis endormi vers minuit et quand je me suis réveillé, j'étais debout, à moitié vêtu, dans l'un des couloirs du palais de justice.

Bob was holding one of my arms, our family doctor the other, and Alice was shaking me crying.

Bob me tenait par un bras, notre médecin de famille par l'autre, et Alice me secouait en pleurant.

"Alice had sent for the doctor without my knowing it, and when he came they had found me out of bed, and had begun a search.

Alice avait envoyé chercher le médecin sans que je le sache, et quand il était arrivé, ils avaient trouvé mon lit vide et avaient entamé des recherches.

"'Sleep walking,' said the doctor.

« Somnambulisme », déclara le docteur.

"All of us went back to the house, and the doctor told us some incredible stories about the strange things people had done while in that condition.

« Nous retournâmes tous à la maison, et le docteur nous raconta des histoires incroyables sur les choses étranges que les gens faisaient dans cet état.

I was feeling rather chilly after my walk, and, as my wife had left the room at the time, I opened the door of old wardrobe that stood in the room and took out a **blanket**.

J'avais un peu froid après ma promenade et, comme ma femme avait quitté la pièce à ce moment-là, j'ouvris la porte d'une vieille armoire qui se trouvait dans la pièce et en extirpai une **couverture**.

Out fell the bag of money for stealing of which Bob was going to be imprisoned for years.

En tomba alors le sac d'argent pour le vol duquel Bob risquait d'être emprisonné pour des années.

" 'How on earth did it get there!?' I yelled at the top of my voice, and I suppose everybody saw how surprised I was. Bob realized everything in an instant.

« Comment diable a-t-il atterri ici ? » m'écriai-je, et j'imagine que tout le monde vit à quel point j'étais surpris. Tout fut alors clair pour Bob.

" 'You old **scoundrel**, ' he said with the old-time look on his face, 'I saw you put it there. I watched you open the safe and take it out, and I followed you.

« *Vieille **fripouille**,* » dit-il avec son regard d'antan, « je t'ai vu le mettre là. Je t'ai vu ouvrir le coffre et le sortir, et je t'ai suivi.

I looked through the window and saw you hide it in that wardrobe.'

J'ai regardé par la fenêtre et je t'ai vu le cacher dans l'armoire. »

"Then you old idiot, why did you say you took it?"

« Alors, *vieil idiot*, pourquoi as-tu dit que c'était toi qui l'avais pris ? »

" 'Because,' said Bob simply, 'I didn't know you were asleep.'

« Parce que… » dit Bob, « je ne savais pas que tu dormais. »

I saw him glance **toward** the door of the room where my children were, and I understood then what it meant to be a friend from Bob's point of view."

Je l'ai vu jeter un œil **vers** la porte de la chambre où se trouvaient mes enfants, et j'ai compris alors ce que signifiait être un ami du point de vue de Bob. »

Major Tom paused and again looked out of the window.

Major Tom fit une pause et regarda à nouveau par la fenêtre.

He saw someone in the Stockmen's National Bank draw a yellow **curtain** across its big front window, although the position of the sun did not require such a defensive movement against its rays.

Il vit quelqu'un de la Stockmen's National Bank tirer un **rideau** jaune sur la grande façade vitrée, bien que la position du soleil ne nécessitât pas un tel mouvement de protection contre ses rayons.

Nettlewick **straightened up** in his chair. He had listened patiently, but without any particular interest, to the major's story.

Nettlewick se **redressa** sur sa chaise. Il avait écouté patiemment, mais sans intérêt particulier, l'histoire du major.

It had nothing to do with the missing securities, and it could certainly have no effect upon the consequences.

Elle n'avait rien à voir avec les titres disparus, et elle ne pouvait certainement pas avoir d'effet sur les conséquences.

Those Western people, he thought, were too sentimental. Evidently major has concluded his story. And what he had said meant nothing to Nettlewick.

Ces gens de l'Ouest, se dit-il, étaient trop sentimentaux. De toute évidence, le major avait terminé son histoire. Et ce qu'il avait dit ne signifiait rien aux yeux de Nettlewick.

"May I ask," said the examiner, "if you have anything else to say regarding missing securities?"

« Puis-je vous demander, » dit l'inspecteur, « si vous avez autre chose à dire concernant les titres manquants ? »

"Missing securities, sir!" Major Tom turned suddenly in his chair. "What do you mean, sir?"

« Les titres manquants, monsieur !? » Major Tom se retourna brusquement sur sa chaise. « Que voulez-vous dire, monsieur ? »

He drew from his pocket a pile of folded papers, threw them into the Nettlewick's hands, and rose to his feet.

Il tira de sa poche une pile de documents pliés, les jeta dans les mains du Nettlewick, et se leva.

"You'll find those securities there, sir, every stock and bond. I took them from the loans while you were counting the cash."

« Vous y trouverez ces titres, Monsieur, toutes les actions et obligations. Je les ai pris dans les prêts pendant que vous comptiez les espèces. »

The major went back into the banking room. The examiner, completely puzzled, followed.

Le major retourna dans le hall de la banque. Fort déconcerté, l'inspecteur le suivit.

He felt that he had been made the victim of some trick but what it was he had no idea.

Il avait l'impression d'avoir été victime d'un coup monté, mais il n'avait aucune idée de ce dont il s'agissait.

An official report to his chief would be an absurdity. And he felt that he would never know anything more about the matter than he did now.

Un rapport officiel à son chef serait absurde. Et il sentait qu'il n'en apprendrait pas davantage sur l'affaire qu'à présent.

Mechanically, Nettlewick examined the securities, found that everything was all right, took his bag and rose to go.

Mécaniquement, Nettlewick examina les titres, constata que tout était en ordre, prit son sac et se leva pour partir.

"I must say," he protested looking angrily at Major Kingman, "that your statements – your **misleading** statements, which you didn't wish to explain – cannot be regarded as business or humor. I do not understand that sort of things."

« Je dois dire, » protesta-t-il en foudroyant du regard le major Kingman, « que vos déclarations - vos déclarations **trompeuses**, que vous n'avez pas voulu expliquer - ne peuvent être considérées comme des affaires ou de l'humour. Je ne saisis pas ce genre de choses. »

Major Tom looked down at him quietly and not unkindly.

Major Tom le regarda calmement et sans méchanceté.

"Son," he said, "there are plenty of things under the sun that you don't understand. But I want to thank you for listening to my story.

« Fils, » dit-il, « il y a énormément de choses que vous ne comprenez pas. Mais je souhaite vous remercier d'avoir écouté mon histoire.

We old Texans love to talk about our adventures and our old comrades, and everyone round here knows it and always runs away when we begin with 'Once upon a time,' so we have to find other people to whom we can tell our stories."

Nous, les vieux Texans, aimons parler de nos aventures et de nos anciens camarades ; tout le monde ici le sait et prend toujours ses jambes à son cou quand on commence par « Il était une fois », alors on doit trouver d'autres personnes à qui raconter nos histoires. »

The major smiled, but the examiner only bowed **coldly**, and immediately left the bank.

Le major sourit, mais l'inspecteur se contenta de s'incliner **froidement**, et sortit immédiatement de la banque.

He crossed the street and entered the Stockmen's National Bank.

Il traversa la rue et entra dans la Stockmen's National Bank.

Major Tom sat down at his desk, and drew from his pocket the note the office boy had given him.

Major Tom s'assit à son bureau et tira de sa poche le message que le garçon de bureau lui avait remis.

He had read it once, but hurriedly and now he read it again. These were the words he read:

Il l'avait lu une fois et hâtivement ; à présent, il le relut. Voici les mots qu'il lut :

"*Dear Tom,*

I have just heard there is a new inspector examining your bank, and that means that he'll come to us in a couple of hours, maybe.

« Cher Tom,

Je viens d'apprendre qu'un nouvel inspecteur contrôle ta banque, ce qui signifie qu'il va venir nous voir dans quelques heures, éventuellement.

Now, I want you to do something for me. We have only $2,200 in the bank, and the law requires that we should have $20,000.

Maintenant, j'aimerais que tu fasses quelque chose pour moi. Nous n'avons que 2 200 $ à la banque, et la loi exige que nous ayons 20 000 $.

I let Ross and Fisher have $18,000 yesterday afternoon, to buy some cattle.

J'ai laissé Ross et Fisher disposer de 18 000 dollars hier après-midi pour acheter du bétail.

They will get $40,000 in less than thirty days on this transaction, but that won't make my cash on hand look any prettier to that examiner.

Ils obtiendront 40 000 $ en moins de trente jours sur cette transaction, mais cela ne rendra pas mes liquidités plus jolies aux yeux de l'inspecteur.

Now, I can't show him those loans, because they are just useless papers without any security, but you know very well that Pink Ross and Jim Fisher are two of the finest men God ever made.

Je ne peux me résoudre à lui montrer ces prêts, car ce ne sont que des papiers inutiles sans aucune garantie, mais tu sais très bien que Pink Ross et Jim Fisher sont deux des meilleurs hommes que Dieu ait créés.

You remember Jim Fisher – he used to go hunting with us in old days.

Tu te souviens de Jim Fisher - il avait l'habitude d'aller chasser avec nous dans le passé.

I wired Sam Bradshaw's bank to send me $20,000, and I'll get it when the 10:30 train arrives.

J'ai demandé à la banque de Sam Bradshaw de m'envoyer 20 000 $ et je les recevrai à l'arrivée du train de 10 h 30.

I can't let a bank examiner in to count $2,200 and close our doors. So, Tom, you hold that examiner.

Je ne peux pas laisser un inspecteur des banques compter 2200 $ et fermer nos portes. Alors, Tom, retiens ce contrôleur.

*Hold him. Hold him even if you have **to tie** him and sit on his head.*

*Retiens-le, même si tu dois l'**attacher** et t'asseoir sur sa tête.*

Watch our front window after the train arrives, and when we have the cash inside, we'll draw the curtains as a signal.

Surveille notre façade, une fois le train arrivé, et quand nous aurons l'argent à l'intérieur, nous tirerons les rideaux en guise de signal.

Don't let him go until then. I am counting on you, Tom.

Ne le laisse pas partir avant ça. Je compte sur toi, Tom.

Your Old Friend,
Ton vieil ami,

Bob Buckley,
Bob Buckley,

President Stockmen's National"
Président de la Stockmen's National"

The major began to tear the note into small pieces and throw them into his waste basket. He gave a little chuckle as he did sometimes.

Le major se mit à déchirer le message en petits morceaux et jeta ceux-ci dans sa corbeille à papier. Il émit un petit gloussement comme il le faisait parfois.

"Damn old reckless fool!" he exclaimed with satisfaction, "that pays him a little for what he tried to do for me in the sheriff's office twenty years ago."

« Sacré vieil intrépide ! » s'exclama-t-il avec satisfaction, « ça rachète un peu ce qu'il a essayé de faire pour moi au bureau du shérif il y a vingt ans. »

Key Vocabulary:

- **épais** adj. – thick; dense.
- **marcher** v.intr.– to walk.
- **opposé** adj. – opposite.
- **service** n.m. – service; department.
- **guichetier** n.m. – (bank) cashier, bank teller.

- **balbutier** v.intr.– to stammer, to stutters.
- **chaque** adj. – each (every one of).
- **échanger** v.tr. – to exchange; to swap.
- **espèces** n.fpl. – (uncountable) cash; **espèce** n.f. – variety, type.
- **craindre** v.tr. – to fear; to be afraid of.
- **négliger** v.tr. – to neglect, to overlook.
- **peser** v.tr. – to weigh.
- **conduire** v.tr. – to drive.
- **clin d'œil n.m.** – wink; **faire un** ~ – to wink at [sb], give [sb] a wink.
- **garçon de bureau n.m.** – errand boy, office boy.
- **informer** v.tr. – to inform, to let [sb] know.
- **corpulent** adj. – corpulent, stout.
- **apporter** v.tr. – to bring, to deliver; to take.
- **revenir** v.tr. – to come back, to return.
- **escompter** v.tr. – to discount, to lower; **taux d'escompte** n.m. – discount rate, interest (finance).
- **carnet n.m.** – notebook.
- **comptable n.m|f.** – accountant, bookkeeper.
- **frotter** v.tr. – to rub; to scrape; to scrub.
- **pénétrant** adj. – penetrating.
- **froid** adj. – cold.
- **éleveur de bétail** – cattle-breeder; **éleveur** n.m. – (livestock) farmer; **bétail** – livestock, cattle.
- **lorsque conj.** – when.
- **malgré** prép – despite, in spite of.
- **prêt** n.m. – (finance) loan; credit.
- **minutieusement adv.** – meticulously, thoroughly.
- **probablement** adv. – probably.
- **seul adj.** – only, single, sole.
- **pourquoi adv.** – why; **c'est pourquoi** – this/that is why.
- **limier n.m.** – bloodhound.

- **obligation** n.f. – 1. obligation; 2. (finance) bond.
- **piste** n.f. – trail, track; lead.
- **obliger** v.tr. – to force, to oblige, to compel.
- **sans** prép. – without.
- **devoir** v.tr. – duty (moral obligation).
- **peut-être** adv. – maybe, perhaps, possibly.
- **à genoux** – on your knees; **genou** n.m. – knee.
- **aucun** pron. – none, not one.
- **coude** n.m. – elbow.
- **côte à côte** – side by side.
- **aider** v.tr. – to help.
- **adjoint** n.m. – deputy, second-in-command.
- **impôt** s.f. – tax, levy.
- **menton** n.m. – chin.
- **semaine** n.f. – week; **bonne fin de** ~ – have a nice weekend.
- **dormir** v.tr. – to sleep, be asleep.
- **réveiller** v.tr. – to wake [sb] up.
- **frapper** v.tr. – to hit, strike.
- **ouvrir** v.tr. – to open.
- **se précipiter** v.pron. – to rush, to hurry; to dash.
- **épaule** n.f. – shoulder.
- **recevoir** v.tr. – to receive; get.
- **montrer** v.tr. – to show, to present.
- **sifflement** n.m. – whistle.
- **effervescence** n.f. – excitement.
- **couverture** n.f. – blanket, (bed)cover.
- **fripouille** n.f. – scoundrel, rascal.
- **vers** prép. – toward(s); in the direction of.
- **rideau** n.m. – curtain, drape; blinds (npl).
- **redresser** v.tr. – straighten [sth] up, correct; se ~ – sit up straight.
- **trompeur** adj. – misleading, deceiving.
  les apparences sont parfois trompeuses – *looks can be deceiving*.

- **froidement** adv. – coldly, coolly.
- **attacher** v.tr. – to tie (up), to fasten, attach.
- **gloussement** n.m. – chuckle, chuckling.

6. **The Luncheon** *(after W. Somerset Maugham)* / **Le déjeuner** *(d'après W. Somerset Maugham)*

I saw her at the theater play and during the break I came over and sat down beside her.

Je l'ai aperçue au théâtre et, pendant la pause, je suis venu m'asseoir à côté d'elle.

It was long since we have met but she recognized me at once and addressed me in a **friendly** voice.

Cela faisait longtemps que nous ne nous étions pas rencontrés, mais elle m'a tout de suite reconnu et s'est adressée à moi d'une voix **amical**.

"Do you remember the first time I saw you? You asked me to a luncheon." Did I remember?...

« Vous souvenez-vous de la première fois que je vous ai vu ? Vous m'aviez invité à déjeuner. » Est-ce que je m'en souvenais ?...

It was twenty years ago and I was living in Paris. I had a small apartment in the Latin Quarter and I was earning only just enough to **make ends meet**.

C'était il y a vingt ans et je vivais à Paris. J'avais un petit appartement dans le Quartier latin et je gagnais tout juste de quoi **joindre les deux bouts**.

She had read a book of mine and had written to me about it.

Elle avait lu un de mes livres et m'avait écrit à ce sujet.

I answered, thanking her, and then I received from her another letter saying that she was **passing** through Paris and would like to have a chat with me.

Je lui avais répondu en la remerciant, puis j'avais reçu d'elle une autre lettre disant qu'elle était de **passage** à Paris et qu'elle souhaitait s'entretenir avec moi.

On the **following** Thursday, she said, she would spend the morning at the Luxembourg and asked me whether I would take her to a little luncheon at Foyet's afterwards.

Le jeudi **suivant**, disait-elle, elle passerait la matinée au Luxembourg et me demandait si je l'emmènerais ensuite chez Foyet pour un déjeuner léger.

Foyet's is a restaurant at which the French senators eat and it was so **expensive** that I had never thought of going there.

Chez Foyet est un restaurant où mangent les sénateurs français, et il était si **cher** qu'il ne m'était jamais venu à l'esprit de m'y rendre.

But I was flattered, and I was too young to say "no" to a woman.

Mais j'étais flatté, et trop jeune pour dire « non » à une femme.

I had eighty francs to live on for the rest of the month and a modest luncheon should not cost more than fifteen.

J'avais quatre-vingts francs pour tenir jusqu'à la fin du mois et un déjeuner modeste ne devait pas en coûter plus de quinze.

If I won't take coffee for the next two weeks, I could manage well enough.

Si je ne prenais pas de café pendant les deux prochaines semaines, je devrais pouvoir me débrouiller.

I answered that I will meet my friend – by correspondence – at Foyet's on Thursday at half past twelve.

Je répondis à mon amie - par correspondance – que je la retrouverais chez Foyet le jeudi à midi et demi.

She was not as young as I expected and her appearance was imposing rather than **attractive**.

Elle n'était pas aussi jeune que je le pensais et son apparence était plus imposante que **séduisante**.

She was **talkative**, but since she wanted to talk about me, I was prepared to be an attentive listener.

Elle était **bavarde**, mais comme elle souhaitait converser à mon sujet, je me tenais prêt à me montrer un auditeur attentif.

I got frightened when the menu was brought, because the prices were much higher than I had expected. But she **reassured** me.

J'eus une frayeur lorsque le menu fut apporté, car les prix étaient beaucoup plus élevés que ce à quoi je m'attendais. Mais elle me **rassura**.

"I never eat anything for luncheon," she said.

« Je ne mange jamais rien le midi, » dit-elle.

"Oh, don't say that!" I answered generously.

« Oh, ne dites pas ça ! » ai-je répondu généreusement.

"I never eat more than one thing. I think people **eat** too much nowadays. A little bit of **fish**, perhaps. I wonder if they have any salmon."

« Je ne mange jamais plus d'une chose. Je trouve que les gens **mangent** trop de nos jours. Un peu de **poisson**, peut-être. Je me demande s'ils ont du saumon. »

Well, it was early in the year for salmon and it was not on the menu, but I asked the waiter if there was any.

À vrai dire, il était tôt dans l'année pour le saumon et il ne figurait pas au menu, mais je demandai au serveur s'il y en avait.

Yes, a beautiful salmon had just been delivered, the waiter said, I ordered it for my guest.

Oui, un beau saumon venait d'être livré, m'informa le serveur, aussi je le commandai pour mon invitée.

The waiter asked her if she would have something while salmon was being cooked.

Le serveur lui demanda si elle souhaitait prendre quelque chose pendant que le saumon cuisait.

"No," she answered, "I never eat more than one thing, **unless** you have a little caviar. I never mind caviar. "

« Non, » répondit-elle, « je ne mange jamais plus d'une chose, **sauf si** vous avez un peu de caviar. Le caviar ne m'incommode jamais. »

My heart skipped a beat. I knew I could not afford caviar, but I could not tell her that. I told the waiter to bring caviar.

Mon cœur rata un battement. Je savais que je ne pouvais pas me permettre de caviar, mais je ne pouvais pas le lui dire. Je demandai au serveur d'apporter du caviar.

For myself I ordered the cheapest dish on the menu and that was a mutton chop.

Pour ma part, je commandai le plat le moins cher du menu, à savoir une côtelette d'agneau.

"I don't advise you to eat **meat**," she said. "I don't know how you can work after eating heavy things like chops."

« Je ne vous conseille pas de manger de **viande**, » dit-elle « Je ne sais pas comment vous parvenez à travailler après avoir mangé des choses lourdes telles que des côtelettes. »

Then the waiter came up to us and asked if we'd like to drink.

Le serveur s'approcha alors de nous et nous demanda si nous souhaitions des boissons.

"I never drink anything for luncheon," she said.

« Je ne bois jamais rien au déjeuner, » dit-elle.

"Neither do I," I answered quickly.

« Moi non plus, » m'empressai-je de répondre.

"Except white wine" she continued as if I had not spoken. "These French white wines are so light. They are wonderful for the digestion."

« Sauf du vin blanc, » poursuivit-elle comme si je n'avais pas parlé. « Ces vins blancs français sont d'une telle légèreté. Ils sont merveilleux pour la digestion. »

"What would you like?" I asked her **politely**.

« Que souhaitez-vous ? » lui demandai-je **poliment**.

"My doctor will not let me drink anything but champagne." I ordered half a bottle and said that my doctor had absolutely forbidden me to drink champagne.

« Mon médecin ne me laisse boire que du champagne. » Je commandai donc une demi-bouteille en précisant que mon médecin m'avait absolument interdit de boire du champagne.

"What are you going to drink then?"

"Water."

« Qu'allez-vous boire alors ? »

« De l'eau. »

She ate the caviar and then the salmon. She talked gaily of art and literature and music. But I wondered how much I will have **to pay** for that luncheon.

Elle mangea le caviar, puis le saumon. Elle parlait allègrement d'art, de littérature et de musique. Mais je me demandais combien j'allais devoir **payer** pour ce déjeuner.

When my mutton chop arrived, she began **to scold** me.

Quand ma côtelette d'agneau arriva, elle commença à me **gronder**.

"I see that you have a habit of eating a heavy luncheon. I am sure it's a mistake.

« Je vois que vous avez l'habitude de manger lourd au déjeuner. Je suis sûre que c'est une erreur.

Why don't you **follow** my example and just eat one thing? I am sure you would feel much better for it."

Pourquoi ne pas **suivre** mon exemple et ne manger qu'une seule chose ? Je suis certaine que vous vous sentiriez beaucoup mieux. »

"I am eating only one thing," I said as the waiter came again with the menu.

« Je ne mange qu'une seule chose, » dis-je tandis que le serveur revenait avec le menu.

"No, no," she said to him. "I never eat anything else for luncheon.

« Non, non », dit-elle. « Je ne mange jamais rien d'autre au déjeuner.

Only one thing! I never want more than that, and even that I eat more as an excuse for conversation than anything else.

Une seule chose ! Cela me suffit, et même là, j'ai mangé davantage en raison de la conversation plus qu'autre chose.

I couldn't possibly eat anything more - **unless** they have some of those giant asparagus. I should be sorry to leave Paris without eating some of them."

Je serais incapable de manger autre chose - **à moins qu'**ils n'aient des asperges géantes. Je serais dépitée de quitter Paris sans en avoir mangé. »

My heart skipped a beat. I knew that they were **extremely** expensive. But I had to order asparagus too.

Mon cœur bondit dans ma poitrine. Je savais qu'elles étaient **extrêmement** chères. Mais je n'avais d'autre choix que de commander aussi des asperges.

Panic **seized** me. It was no more a question of how much money would I have left for the rest of the month, but whether I have enough to pay the **bill**.

La panique **s'empara de** moi. Ce n'était plus une question de savoir combien d'argent il me restait pour le reste du mois, mais si j'en avais assez pour payer l'**addition**.

It would be horrible not to have enough money to pay the bill and be compelled **to borrow** from my guest.

Ce serait horrible de ne pas avoir suffisamment d'argent pour régler l'addition et être obligé d'en **emprunter** à mon invitée.

I knew exactly how much I had and if the bill would amount to more, I **decided** that I would put my hand in my pocket and with a dramatic cry will say that my wallet has been stolen.

Je savais exactement combien j'avais et si l'addition s'élevait à plus, je **décidai** de mettre la main dans ma poche et, avec un cri dramatique, de prétendre que mon portefeuille avait été volé.

Obviously it would be embarrassing if she also did not have enough money to pay the bill.

Évidemment, ce serait embarrassant si elle non plus n'avait pas suffisamment d'argent pour régler l'addition.

In that case, I could just **leave** my watch and say I would come back later to pay the bill.

Dans ce cas, je pourrais simplement **laisser** ma montre et dire que je reviendrai plus tard m'en charger.

The asparagus appeared. They were enormous, succulent and appetizing. While my companion ate the asparagus I spoke of the condition in the Balkans. At last she finished.

Les asperges apparurent. Elles étaient énormes, succulentes et appétissantes. Pendant que ma compagne dégustait celles-ci, je parlai de la situation dans les Balkans. Elle termina enfin.

"Coffee?" I asked.

« Un café ? » demandai-je.

"Yes, just an ice cream and coffee," she answered.

« Oui, juste une glace et un café, » répondit-elle.

So, I ordered coffee for myself and ice cream and coffee for her.

Je commandai donc un café pour moi et une glace et un café pour elle.

"You know, there is one thing I believe in," she said as she savored the ice cream. "One should always get up from a meal feeling that he could eat a little more."

« Vous savez, il y a une chose en laquelle je crois, » dit-elle en savourant la glace. « On devrait toujours sortir d'un repas en ayant l'impression de pouvoir manger un peu plus. »

"Are you still **hungry**?" I asked with horror.

« Vous avez encore **faim** ? » demandai-je avec horreur.

"Oh, no, I am not hungry, you see, usually I don't eat luncheon.

« Oh, non, je n'ai pas faim, vous voyez, d'habitude je ne déjeune pas.

I have a cup of coffee in the morning and then dinner, but I never eat more than one thing for luncheon."

Je prends une tasse de café le matin et ensuite le dîner, mais je ne mange jamais plus d'une chose pour le déjeuner. »

"Oh, I see!"

« Oh, je vois ! »

Then a terrible thing happened. While we were waiting for the coffee, the head waiter came up to us with a **basket** full of peaches. But surely peaches were not in season then.

Puis une chose terrible se produisit. Alors que nous attendions le café, le maître d'hôtel s'approcha de nous avec un **panier** rempli de pêches. Or les pêches n'étaient pas de saison à cette époque.

Lord knew what they cost. I knew too – a little later, because my guest, going on with her conversation, **absentmindedly** took one.

Dieu seul savait ce qu'elles coûtaient. Je l'ai su moi aussi - un peu plus tard, car mon invitée, tout en poursuivant sa conversation, en prit une **distraitement**.

"You know, you have filled your stomach with a lot of meat – and you can't eat any more. I've just had a snack and I can enjoy a **peach**."

« Vous savez, votre estomac est rempli de viande, donc vous ne pouvez plus manger. Moi, j'ai juste pris une collation, aussi je peux savourer une **pêche**. »

The bill came and when I paid it, I found that I had only enough for a very small **tip**.

L'addition arriva et une fois que je l'eus payée, je constatai qu'il me restait juste de quoi laisser un petit **pourboire**.

She looked at the three francs that I left for the waiter and I knew that she thought I was mean.

Elle regarda les trois francs que j'avais laissés pour le serveur et je sus qu'elle me trouvait ingrat.

But when I walked out of the restaurant, I had the whole month before me and not a penny in my pocket.

Or en sortant du restaurant, j'avais le mois entier devant moi et pas un centime en poche.

"Follow my example," she said as we shook hands, "and never eat more than one thing for luncheon."

« Suivez mon exemple, » dit-elle tandis qu'on se serrait la main, « ne mangez jamais plus d'une chose au déjeuner. »

"I'll do better than that," I answered. "I'll eat nothing for dinner tonight."

« Je vais faire mieux que ça, » répondis-je. « Je ne mangerai rien pour le dîner ce soir. »

"You're a humorist!" she cried gaily, jumping into a cab. "You are quite a humorist!"

« Vous êtes un comique ! » s'exclama-t-elle gaiement en sautant dans un taxi. « Un sacré comique ! »

I am not a bad man but looking at her now I thought that I had my **revenge** at last. Today she weighs over 130 kilograms.

Je ne suis pas quelqu'un de méchant, mais en la voyant maintenant, je me suis dit que je tenais enfin ma **revanche**. Aujourd'hui, elle pèse plus de 130 kilos.

Key Vocabulary:

- **amical** adj. – friendly, amicable.
- **joindre les deux bouts** – (fig.) make ends meet.
  joindre v.tr. – join, link. bout n.m. – tip, end, point.
- **passage** n.m. – passing, pass/go through; passage.
- **suivant** adj. – next, following.
- **cher** adj. – dear [to], valued; expensive, costly.
- **séduisant** adj. – attractive, charming, seductive.
- **bavard** adj. – talkative, chatty; n.m./f. – chatterbox.
- **rassurer** v.tr. – to reassure.
- **manger** v.tr. – to eat.
- **poisson** n.m. – fish.
- **sauf** prep. – except; **sauf si** – unless, except if.
- **viande** n.f. – meat.
- **poliment** adv. – politely.
- **payer** v.tr. – to pay.
- **gronder** v.tr. – to scold; reprimand, tell [sb] off.
- **suivre** v.tr. – to follow.
- **à moins que** conj. – unless.
- **extrêmement** adv. – extremely, exceedingly.
- **s'emparer de** v.pron – seize, capture.
- **addition** n.f. – bill, check; (math.) addition, sum.
- **emprunter** v.tr. – to borrow.
- **décider** v.tr. – to decide; make up (one's) mind.
- **évidemment** adv. – obviously, evidently.
- **laisser** v.tr. – to leave, leave [sth] behind.

- **faim** n.f. – hunger; **avoir** ~ – to be hungry.
- **panier** n.m. – basket; (qty.) basketful.
- **distraitement** avv. – absentmindedly, distractedly.
- **pêche** n.f. – (fruit) peach; fishing
- **pourboire** n.m. – (money) tip; **donner un** ~ – leave a tip.
- **revanche** n.f. – revenge; rematch.

7. **Three at table** *(after W. W. Jacobs)* /
Trois à table *(d'après W. W. Jacobs)*

I was a young man. I had just come back from China, but since my family was away, I went to the country to stay with an uncle.

J'étais un jeune homme. Je venais de rentrer de Chine, mais comme ma famille était absente, je partis à la campagne pour loger chez mon oncle.

When I got down to the place I found it closed because my uncle was in the South of France.

Quand j'arrivai à destination, je trouvai l'endroit fermé, mon oncle ayant voyagé pour le sud de la France.

Because he was supposed to come back in a few days I decided to stay at the Royal George, a very decent inn, and await his **return**.

Puisqu'il était censé revenir d'ici quelques jours, je pris une chambre au Royal George, une auberge très convenable, en attendant son **retour**.

The first day I passed **relatively** well; but in the evening the dullness of the place, in which I was the only visitor, began **to bore** me.

Ma première journée se passa **relativement** bien, mais le soir venu, la morosité du lieu, où j'étais le seul visiteur, commença à m'**ennuyer**.

The next morning after a late breakfast I went out with the intention of having a brisk **walk**.

Le lendemain matin, après un petit déjeuner tardif, je sortis de l'auberge pour me lancer dans une dynamique **randonnée**.

I started off in excellent spirits, because the day was bright and frosty. The villages through which I passed were old and charming.

J'entamai ma promenade d'excellente humeur, la journée étant lumineuse et quelque peu glaciale. Les villages que je traversais étaient vieux et charmants.

I lunched luxuriously on **bread** and cheese and beer in the bar of a small inn, and **decided** to walk a little further before turning back.

Je déjeunai copieusement de **pain**, de fromage et de bière dans le bar d'une petite auberge, puis **décidai** de marcher encore un peu avant de faire demi-tour.

When at last I had gone far enough, I turned up a little lane, and decided to find my way back by another route, relying upon the small **compass**.

Quand je considérai que je m'étais suffisamment éloigné, je tournai dans une petite voie, puis décidai de rebrousser chemin par une autre route, en m'aidant de ma **boussole**.

I had reached the marshes, when a dense **fog** began gradually to spread.

J'avais atteint les marais, quand un épais **brouillard** se répandit progressivement.

I continued my course until, at four o' clock, while it was getting darker and darker. I had to admit that I was lost.

Je poursuivis ma route jusqu'à ce qu'à quatre heures, tandis que l'obscurité tombait, je dus admettre que j'étais perdu.

The compass was no help to me now; I walked about miserably, occasionally shouting in hope of being heard by some passing **shepherd** or farmer.

La boussole ne m'était plus d'aucune aide ; j'errais tel un misérable, poussant un cri de temps à autre dans l'espoir d'être entendu par un **berger** ou un fermier de passage.

At last by good luck I found my feet on a small road that was going through the marshes, and by walking slowly and tapping with my **stick**, I managed to stay on it.

Finalement, par chance, je foulai une petite route qui traversait les marais et, en marchant lentement tout en m'appuyant sur mon **bâton**, je parvins à ne pas m'en écarter.

I had followed it for some distance when I heard footsteps **approaching** me.

Je l'avais suivie sur une distance considérable quand j'entendis des pas se **rapprocher**.

We stopped as we met, and the **stranger**, a peasant from the neighboring village, hearing of my situation, walked back with me for nearly a mile.

On s'arrêta au moment où l'on se croisa, et l'**étranger**, un paysan du village voisin, apprenant ma situation, me raccompagna sur près de deux kilomètres.

He put me on the main road and gave me instructions how **to reach** a village that was located three miles away.

Une fois sur la route principale, il me donna des instructions pour **rejoindre** un village situé à cinq kilomètres de là.

I was so tired that three miles sounded like ten, and besides that, not far from the road I saw a dimly lighted **window**.

J'étais si fatigué que cinq kilomètres m'en paraissaient dix ; en outre, non loin de la route, j'aperçus une **fenêtre** faiblement éclairée.

I **pointed** to the window, but my companion **shook his head** and looked round him uneasily.

Je **pointai** la maison du doigt, mais mon compagnon **secoua la tête** et regarda autour de lui d'un air inquiet.

"You won't get any good there," he said.

« Rien de bon ne vous attend là-bas, » dit-il.

"Why not?" I asked.

« Et pourquoi ça ? » demandai-je.

"There's something in there, sir," he answered. "What it is I don't know.

« Il y a quelque chose à l'intérieur, monsieur, » répondit-il. « Ce que c'est ? Je n'en sais rien.

Some say that it's a poor mad thing, others say it's a kind of animal; but **whatever** it is, it isn't good to see."

Certains prétendent que c'est une pauvre âme rongée par la folie, d'autres qu'il s'agit d'une sorte de bête ; mais **quoi que** ce soit, mieux vaut ne pas la voir. »

"Well. I'll go on then," I said, "good night."

« Bon, je vais donc poursuivre ma route », dis-je. « Bonne nuit »

He went back whistling until the sound of his footsteps faded in the distance, and I followed the road he had **indicated**.

Il repartit en sifflant, et j'attendis que le bruit de ses pas s'atténue au loin pour suivre la route qu'il m'avait **indiquée**.

But I was now **cold** and tired, and decided to go back toward the house.

Mais j'avais **froid** et j'étais éreinté, aussi je décidai de rebrousser chemin pour rejoindre la maison.

There was no light and no sound from within. I knocked lightly upon the door.

Il n'y avait ni lumière ni bruit à l'intérieur. Je frappai discrètement à la porte.

It opened **suddenly** and a tall old woman, holding a candle, greeted me.

Celle-ci s'ouvrit **subitement** et une vieille dame élancée, tenant une bougie, s'imposa sur le seuil.

"What do you want?" she asked.

« Qu'est-ce que vous voulez ? » demanda-t-elle.

"I've lost my way; I want to get to Ashville."

« Je me suis perdu. Je voudrais me rendre à Ashville. »

"I don't know it," said the old woman.

« Je ne connais pas, » dit la vieille dame.

She wanted to close the door when a man **appeared** from a room at the side of the hall and came toward us.

Elle allait refermer la porte quand un vieil homme **surgit** d'une pièce sur le côté du couloir et s'approcha de nous.

"Ashville is fifteen miles from here," he said calmly.

« Ashville se trouve à près de vingt-cinq kilomètres d'ici, » dit-il calmement.

"If you will direct me to the nearest village, I shall be grateful," I said. He didn't answer, but exchanged a quick glance with the woman.

« Si vous me pouviez m'indiquer la direction du village le plus proche, je vous en serais reconnaissant, » lui dis-je. Il ne répondit pas, mais échangea un coup d'œil avec la vieille dame.

"The nearest village is three miles away," he said turning to me and trying **to soften** a naturally harsh **voice**.

« Le village le plus proche est à cinq kilomètres, » dit-il en se tournant vers moi et en essayant d'**adoucir** une **voix** qu'on devinait naturellement sèche.

"If you will give us the pleasure of your company, we'll offer you our **hospitality**."

« Si vous voulez bien nous faire le plaisir de votre compagnie, nous vous offrirons volontiers l'**hospitalité**. »

I hesitated. They were certainly a strange looking couple, and the **gloomy** hall with the shadows thrown by the candle looked hardly more inviting than the darkness outside.

J'hésitai. Ils formaient un couple fort étrange, et la pièce **sombre** dans laquelle dansaient les ombres projetées par la bougie ne semblait guère plus accueillante que l'obscurité à l'extérieur.

"You are very kind," I murmured, "but – "

« C'est gentil de votre part, » murmurai-je, « mais… »

"Come in." he said quickly. "Shut the door, Anna."

« Entrez donc ! » dit-il précipitamment. « Ferme la porte, Anna. »

Almost before I knew it I was standing inside and the old woman, muttering to herself, had closed the door behind me.

Avant même que je m'en rende compte, j'étais à l'intérieur, et la vieille femme, tout en marmonnant, avait fermé la porte derrière moi.

With a strange feeling of being **trapped** I followed my host into the room, and taking a chair warmed my frozen fingers at the fire.

Avec l'étrange sensation d'être **piégé**, je suivis mon hôte dans la pièce, et après m'être installé sur une chaise, je réchauffai mes doigts gelés devant le feu.

"Dinner is almost ready," said the old man, "if you will excuse me."

« Le dîner est presque prêt, » dit le vieil homme, « si vous voulez bien m'excuser. »

I nodded and he left the room. A minute later I heard voices: his and the old woman's and, I was sure, a third.

Je hochai la tête et il quitta la pièce. Une minute plus tard, j'entendis des voix : la sienne et celle de la vieille dame et, j'en étais presque sûr, celle d'une troisième personne.

Before I had finished my inspection of the room he returned and looked at me with the same strange look I noticed **before**.

Avant que j'aie fini mon inspection de la pièce, il revint et m'observa avec le même regard étrange qu'il m'avait adressé **auparavant**.

"There will be three of us at dinner," he said. "That is two of us and my son."

« Nous serons trois à dîner », dit-il. « Nous deux et mon fils. »

I nodded again.

J'acquiesçai à nouveau.

"I suppose you don't mind dining in the dark," he said.

« Je suppose que cela ne vous dérange pas de dîner dans le noir », dit-il.

"Not at all," I answered, hiding my surprise as well as I could, "but really I don't want **to intrude**.

« Pas du tout », répondis-je, en cachant ma surprise du mieux que je pouvais, « mais sincèrement je ne veux pas m'**immiscer**. »

"It's seldom that we have company," he said, "and now that you're here we want you to stay.

« Il est rare que nous ayons de la compagnie, » dit-il, « et maintenant que vous êtes ici, nous voulons que vous restiez.

My son has some eye problems, and he can't stand the light. Ah, here's Anna."

Mon fils souffre de problèmes oculaires et il ne supporte pas la lumière. Ah, voici Anna ! »

As he spoke the old woman entered, glanced at me and began to lay the **tablecloth**, while my host, taking a chair, sat looking silently into the fire.

Tandis qu'il parlait, la vieille femme entra, me regarda, puis commença à disposer la **nappe**, tandis que mon hôte s'emparait d'une chaise pour s'asseoir en silence devant le feu.

When the table was set, the old woman brought in a pair of **chickens** ready carved in the dish, and placing three chairs, left the room.

Une fois la table dressée, la vieille dame apporta deux **poulets** déjà découpés dans un plat, puis après avoir disposé trois chaises, elle quitta la pièce.

The old man **hesitated** a moment, and then, rising from his chair, placed a large **screen** in front of the fire and slowly extinguished the candles.

Le vieil homme **hésita** un moment, puis il se leva, plaça un grand **écran** devant le feu et éteignit les bougies les unes après les autres.

"Blind man's holiday," he said, and **groped** his way to the door to open it.

« Les vacances de l'aveugle », dit-il, et se **tâtonna** un chemin vers la porte pour l'ouvrir.

Somebody came back into the room with him, and in a slow, uncertain manner took a seat at the table. And the strangest voice I have ever heard **broke** the silence.

Quelqu'un entra dans la pièce avec lui et, d'une manière lente et maladroite, s'assit à la table. La voix la plus étrange que j'eus jamais entendue **brisa** alors le silence.

"A cold night," it said slowly.

« Une nuit bien froide », dit-elle doucement.

"It sure is," I answered and, light or no light, started eating with appetite.

« Pour sûr », répondis-je et, lumière ou pas, je m'attaquai avec appétit à mon assiette.

It was somewhat difficult eating in the dark, and it was evident from the **behavior** of my invisible companions that they also were not used to dining under such circumstances.

C'était certes un peu compliqué de manger dans le noir, et il était évident d'après le **comportement** de mes compagnons invisibles qu'eux aussi n'étaient guère habitués à prendre leurs repas dans de telles circonstances.

We ate in silence until the old woman came into the room with some sweets and put them upon the table.

On mangea en silence jusqu'à ce que la vieille dame entre dans la pièce avec des friandises et les pose sur la table.

"Are you a stranger around here?" asked the strange voice again.

« Êtes-vous un étranger par ici ? » demanda à nouveau la curieuse voix.

"Yes," I answered and murmured something about my luck in **stumbling upon** such a good dinner.

« Oui, » répondis-je en marmonnant quelque chose au sujet de ma chance d'être **tombé par hasard sur** un si bon dîner.

"Stumbling is a very good word for it," said the voice firmly. "You have **forgotten** the wine, father."

« *Tomber par hasard* est une expression tout à fait appropriée ici », professa fermement la voix. « Tu as **oublié** le vin, papa. »

"So I have," said the old man, rising. "It's a bottle of the 'Celebrated' today! I will get it myself."

« C'est vrai, ma foi, » dit le vieil homme en se levant. « Ouvrons une bouteille pour célébrer ce fameux jour ! Je vais de suite la chercher. »

He groped his way to the door, and closing it behind him, left me alone with my invisible neighbor.

Il tâtonna jusqu'à la porte et la referma derrière lui, me laissa seul avec mon voisin invisible.

There was something so strange about the whole business that I must confess I felt very uneasy. My host seemed to be absent a long time.

Il y avait quelque chose de particulièrement étrange dans toute cette mise en scène, si bien que, je dois le reconnaître, je me sentais relativement mal à l'aise. D'autant que mon hôte tardait à revenir.

I heard the man opposite lay down his fork and spoon, and it almost seemed to me that I saw a pair of wild eyes shining through the darkness like a cat's.

J'entendis alors l'homme d'en face poser sa fourchette et sa cuillère, et il me sembla deviner des yeux sauvages briller dans l'obscurité, tels ceux d'un chat.

With a **growing** sense of uneasiness I pushed my chair back which caused the screen to fall and in the light of the fire I saw the face of the creature in front of me.

Avec un malaise **grandissant**, je repoussai ma chaise, ce qui fit tomber l'écran, et à la lumière du feu, j'aperçus le visage de la créature devant moi.

Breathless I got up from the chair and stood with clenched **fists** beside it. In the red glow of the fire it looked so devilish.

Le souffle coupé, je bondis de ma chaise et me tins debout, les **poings** serrés de chaque côté de moi. La lueur rouge du feu lui donnait un air presque diabolique.

For a few moments we looked at each other in silence; then the door opened and the old man returned.

On resta un bon moment ainsi, à se fixer en silence, puis la porte s'ouvrit et le vieil homme revint.

He stood shocked as he saw the warm firelight, and then, approaching the table, mechanically put down a couple of bottles.

Il se figea en voyant la chaude lueur du feu, puis il s'approcha de la table pour y déposer plusieurs bouteilles d'un geste automatique.

"I beg your pardon, said I **reassured** by his presence, "but I have accidentally overturned the screen. Allow me **to replace** it."

« Je vous demande pardon, » dis-je **rassuré** par sa présence, « j'ai accidentellement bousculé l'écran. Permettez-moi de le **remplacer**. »

"No, said the old man, gently, "let it be. We have had enough of the dark."

« Non, » dit le vieil homme, avec douceur. « Laissez comme ça. Nous en avons assez de l'obscurité. »

He struck a match and slowly lit the **candles**.

Il gratta une allumette et alluma à nouveau les **bougies**.

Then I saw that the man opposite had the remnant of a face, a horrible face in which one eye, the sole remaining feature, still glittered.

Je découvris alors que l'homme en face moi était défiguré ; une masse informe remplaçait ce qui avait été son visage où seul un œil, réminiscence du passé, brillait.

I was **greatly moved**, guessing a part of the truth.

Devinant une partie de la vérité, cette vision me **bouleversa**.

My son was injured some years ago in a burning house," said the old man.

« Mon fils a été blessé il y a quelques années dans l'incendie d'une maison, » raconta le vieil homme.

"Since then we have lived a very private life. When you came to the door we – that is – my son…"

« Depuis, nous menons une vie recluse. Quand vous vous êtes présenté à la porte, nous – ou plutôt - mon fils... »

"I thought," said the son simply," that it would be better for me not to come to the dinner table.

« J'ai pensé, » poursuivit le fils en toute simplicité, « qu'il valait mieux que je ne vienne pas à table.

But it happened to be my birthday, and my father would not hear of my dining alone, so we **come up with** this foolish plan of dining in the dark.

Mais c'était mon anniversaire, et pour mon père il était hors de question que je dîne seul, alors nous avons **élaboré** ce plan insensé de dîner dans le noir.

I'm sorry that I have startled you."

Je suis désolé de vous avoir surpris. »

"I am sorry," said I, and reached across the table to shake his hand.

« C'est moi qui suis désolé, » contestai-je en tendant le bras de l'autre côté de la table pour lui serrer la main.

"I am such a fool, but it was only in the dark that you startled me."

« Je me sens tellement bête, mais sachez que ce n'est que dans l'obscurité que vous m'avez surpris. »

"We never see a friend," said the old man, "and the temptation to have company was too much for us.

« Nous n'avons jamais de visite, » reconnut le vieil homme, « et la tentation d'avoir de la compagnie était trop forte.

Besides, I don't know what else you could have done."

Sans parler que de votre côté, vous n'aviez pas beaucoup d'options. »

"Nothing else just as good, I'm sure," said I.

« Aucune n'aurait été à la hauteur de celle-ci, croyez-moi, » dis-je.

"Come," said my host, **almost** gaily.

« Venez ! » dit mon hôte d'un air **presque** joyeux.

"Now we know each other, draw your chair to the fire and let's celebrate this birthday in a proper fashion."

« Maintenant que nous nous connaissons, approchez votre chaise du feu et célébrons cet anniversaire comme il se doit. »

He drew a small table to the fire for the glasses and brought a box of cigars.

Il tira une petite table près du feu pour les verres et apporta une boîte de cigares.

Then, placing a chair for the old servant, asked her to sit down and drink, and we were soon as merry a party as I have ever seen.

Puis il ajouta une chaise pour la vieille servante, lui demanda de s'asseoir et de boire avec nous, et bientôt la joie et la bonne humeur s'invitèrent dans cette petite fête inattendue et pleine de gaieté.

The night went on so rapidly that we could not believe our ears when in a lull in the conversation a **clock** in the hall struck twelve.

La nuit passa si vite que l'on tomba des nues quand, lors d'une pause dans la conversation, on entendit l'**horloge** de la salle sonner minuit.

"A last toast before we go to bed," said my host, throwing the end of his cigar into the fire and turning to the small table.

« Un dernier toast avant d'aller se coucher, » nous invita mon hôte en jetant le bout de son cigare dans le feu et en se tournant vers la petite table.

We had drunk several before this toast, but there was something impressive in the old man's manner as he rose and took up his glass.

Nous n'en étions pas à notre premier avant ce toast, mais il y avait quelque chose d'impressionnant dans la manière que le vieil homme se leva et s'empara de son verre.

His tall figure seemed to get taller, and his voice rang as he looked proudly at his disfigured son.

Sa silhouette filiforme sembla s'allonger et tandis qu'il regardait fièrement son fils défiguré, sa voix vibra dans la pièce.

"To the **health** of the children my boy saved!" he said and drained his glass in one gulp.

« Pour la **santé** des enfants que mon garçon a sauvés ! » tonna-t-il, puis il vida son verre d'un trait.

Key Vocabulary:

- **retour** n.m. – return; trip back.
- **relativement** adv. – relatively; rather.

- **ennuyer** v.tr. – to bore, to annoy.
- **randonnée** n.f. – hike, walk; hiking, walking.
- **pain** n.m. – bread *(in general)*.
- **décider** v.tr. – to decide.
- **boussole** n.f. – compass.
- **brouillard** n.m. – fog.
- **épais** adj. – thick, dense.
- **berger** n.m. – shepherd.
- **bâton** n.m. – stick, cane.
- **rapprocher** v.tr. – to bring/put [sth] closer; se ~ – approach, get close to [sth/sb].
- **étranger** n.m. – stranger, foreigner.
- **rejoindre** vtr. – get to, reach; meet join.
- **fenêtre** n.f. – window.
- **pointer** v.intr. – to point, indicate.
- **secouer** v.tr. – to shake; nod; ~ **la tête** – to shake your head.
- **quoi que** pron. – whatever.
- **indiquer** v.tr. – to point [sth] out, indicate.
- **froid** adj. – cold.
- **subitement** adv. – suddenly, abruptly.
- **surgir** v.intr. – to appear suddenly, emerge.
- **adoucir** v.tr. – to soften; (fig) to sweeten.
- **voix** n.f. – voice.
- **hospitalité** s.f. – hospitality.
- **sombre** adj. – gloomy, dark.
- **piéger** v.tr. – to trap, to catch in a trap, capture.
- **auparavant** adv. – before; earlier, formerly.
- **immiscer** v.tr. – to involve; interfere, intrude.
- **nappe** n.f. – tablecloth; coat, cover.
- **poulet** n.m. – chicken.
- **hésiter** v.intr. – to hesitate.
- **écran** n.m. – screen; ~ **plat** – flat screen.
- **tâtonner** v.intr. – to grope/feel around.

- **briser** v.tr. – to break, smash; (fig.: ~ silence/ice etc.).
- **comportement** n.m. – behavior.
- **tombé par hasard sur** – stumble upon [sth], happen to come across [sth].
- **oublier** v.tr. – to forget.
- **grandissant** adj. – increasing, growing.
- **poing** n.m. – fist.
- **rassurer** v.tr. – to reassure.
- **remplacer** v.tr. – to replace; to substitute.
- **bougie** n.f. – candle; (car) spark(ing) plug.
- **bouleverser** v.tr. – to overwhelm, to move deeply.
- **élaborer** v.tr. – to devise, draw up; come up (with).
  ~ **un plan** – develop/come up with a plan.
- **presque** adv. – almost, nearly.
- **horloge** n.f. – clock.
- **santé** n.f. – health.

8. **The Mexican** *(after O. Henry)* / Le Mexicain *(d'après O. Henry)*

Nobody knew his story – they of the Junta least of all.

Personne ne connaissait son histoire - et surtout pas les membres de la Junte.

He was their "little mystery", their "big patriot", and **in his way** he worked as hard for the coming Mexican Revolution as they did. Nobody of the Junta liked him.

Il était leur « petit secret », leur « grand patriote », et **à sa manière**, il travaillait aussi dur qu'eux pour la révolution mexicaine à venir. Personne de la Junte ne l'aimait.

The first day when he came into their **crowded** room they **suspected** him of being a spy.

Le premier jour où il est entré dans leur salle **bondée**, ils l'ont **soupçonné** d'être un espion.

Too many of the comrades were in prisons all over the United States, and some of them were killed.

Trop de camarades étaient en prison dans tous les États-Unis, et certains d'entre eux avaient été tués.

He was not more than eighteen and somewhat small for his age. He announced that he was Felipe Rivera, and that he wished to work for the revolution.

Il n'avait pas plus de dix-huit ans et était plutôt petit pour son âge. Il a annoncé qu'il s'appelait Felipe Rivera et qu'il souhaitait travailler pour la révolution.

That was all – not a wasted word, no further explanation. He stood **waiting**.

Ce fut tout - pas un mot de trop, pas d'autres explications. Il est resté là à **attendre**.

There was no **smile** on his lips, no friendliness in his eyes, and they burned like cold fire.

Il n'y avait pas de **sourire** sur ses lèvres, pas d'amabilité dans ses yeux, et ils brûlaient comme un feu froid.

The people in the room looked uncertainly at each other.

Les personnes présentes dans la pièce se sont regardées d'un air incertain.

"Very well," said Paulino Vera coldly. "Take off your coat, hang it over there. I'll show you were the buckets and cloths are. The **floor** is **dirty**.

« Très bien, » dit froidement Paulino Vera. « Enlève ton manteau, accroche-le là-bas. Je vais te montrer où sont les seaux et les chiffons. Le **sol** est **sale**.

You will begin by **scrubbing** it and then by cleaning the floors of the other rooms. The windows need to be cleaned too."

Tu commenceras par le **frotter**, puis tu nettoieras les sols des autres pièces. Les fenêtres doivent être lavées aussi. »

"Is this for the revolution?" the boy asked.

« C'est pour la révolution ? » demanda le garçon.

"It is for the revolution," Vera answered.

« C'est pour la révolution », répondit Vera.

Rivera looked suspiciously at all of them and took off his coat.

Rivera les regarda tous d'un air soupçonneux et enleva son manteau.

"Okay," he said. And nothing more.

« D'accord », a-t-il dit. Et rien de plus.

Day after day he came to his work, **sweeping**, scrubbing, cleaning.

Jour après jour, il est venu à son travail, **balayant**, frottant, nettoyant.

"Can I **sleep** here?" he asked once.

« Je peux **dormir** ici ? » a-t-il demandé une fois.

Aha! So that was it! If he slept in the rooms of the Junta he could learn their secrets, get the lists of the names, and the addresses of the comrades in Mexico.

Aha ! C'était donc ça ! S'il dormait dans les chambres de la Junte, il pourrait apprendre leurs secrets, obtenir les listes de noms et d'adresses des camarades au Mexique.

The request was denied, and Rivera never spoke of it again.

La demande fut rejetée et Rivera n'en a plus jamais parlé.

They didn't know where he slept and where he **ate**. Once, one of the revolutionaries **offered** him a couple of dollars. Rivera refused the money, shaking his head.

Ils ne savaient pas où il dormait et où il **mangeait**. Un jour, l'un des révolutionnaires lui a **offert** quelques dollars. Rivera refusa l'argent en secouant la tête.

"I am working for the revolution," he said.

« Je travaille pour la révolution », a-t-il dit.

It takes **a lot** of money to raise a modern revolution and the Junta was always pressed for money.

Il faut **beaucoup** d'argent pour lancer une révolution moderne et la Junte était toujours à court d'argent.

One time, when the **rent** for the house was two months behind and the landlord was **threatening** dispossession, it was Felipe Rivera, the cleaning boy in the poor cheap clothes, who put sixty dollars in gold on the desk.

Une fois, alors que le **loyer** de la maison avait deux mois de retard et que le propriétaire **menaçait** de les mettre à la porte, c'est Felipe Rivera, le garçon de ménage aux vêtements très bon marché, qui a déposé soixante dollars en or sur le bureau.

The revolutionaries couldn't **find out** where the boy got the money.

Les révolutionnaires n'ont pas pu **découvrir** où le garçon avait trouvé l'argent.

But Felipe Rivera, the cleaning boy "for the revolution", continued, when it was needed, to put down gold and silver for the Junta's use.

Mais Felipe Rivera, le garçon de ménage "pour la révolution" a continué, lorsque cela était nécessaire, à déposer de l'or et de l'argent pour le compte de la Junte.

"He is not a spy," Paulino Vera said to his comrades one day. "He is a patriot, the greatest patriot of us all.

« Ce n'est pas un espion, » a dit un jour Paulino Vera à ses camarades. « C'est un patriote, le plus grand de tous les patriotes.

I know it; I feel it in my heart. If I would be unfaithful to our cause he would kill me."

Je le sais, je le sens dans mon cœur. Si j'étais infidèle à notre cause, il me tuerait. »

"He has a **bad temper**," said one of the comrades.

« Il a **mauvais caractère** », dit l'un des camarades.

And it was Paulino Vera who persuaded the others to give the first secret mission to Rivera.

Et c'est Paulino Vera qui a persuadé les autres de confier la première mission secrète à Rivera.

The line of communication **between** Los Angeles and Lower California had been broken.

La ligne de communication **entre** Los Angeles et la Basse Californie avait été coupée.

Three of the comrades had **dug** their own grave and then been shot. Two more were **thrown** to jail in Los Angeles.

Trois camarades avaient **creusé** leur propre tombe et avaient été fusillés. Deux autres avaient été **jetés** en prison à Los Angeles.

Juan Alvarado, the federal commander has **ruined** all their plans. They could no longer communicate with the active revolutionaries in Lower California.

Juan Alvarado, le commandant fédéral, avait **gâché** tous leurs plans. Ils ne pouvaient plus communiquer avec les révolutionnaires actifs en Basse Californie.

Young Rivera was given instruction and dispatched south. When he returned, the line of communications was **reestablished**, and Juan Alvarado was dead.

Le jeune Rivera reçut des instructions et fut envoyé dans le sud. A son retour, la ligne de communication était **rétablie**, et Juan Alvarado était mort.

He had been found in bed with a knife deep in his **chest**. This had exceeded Rivera's instructions, but they didn't ask him anything and he said nothing.

Il avait été trouvé dans son lit avec un couteau enfoncé dans la **poitrine**. Cela dépassait les instructions données à Rivera, mais ils ne lui ont rien demandé et il n'a rien dit.

"I have told you," said Paulino Vera, "the secret service has more **to fear** from this youth than from any other man. He is the hand of God."

« Je vous l'ai dit, » dit Paulino Vera, « les services secrets ont plus à **craindre** de ce jeune que de tout autre homme. Il est la main de Dieu. »

The bad temper, mentioned by one of the patriots, and sensed by them all, was evidenced by physical proofs.

La mauvaise humeur, mentionnée par l'un des patriotes, et pressentie par tous, se vérifiait par des preuves physiques.

From time to time Rivera appeared with a cut lip, or a swollen **ear**.

De temps en temps, Rivera apparaissait avec une lèvre coupée ou une **oreille** gonflée.

It was clear that he **brawled** somewhere in that outside world where he ate and slept, gained money and lived in a way unknown to them.

Il était clair qu'il se **bagarrait** quelque part dans ce monde extérieur où il mangeait et dormait, gagnait de l'argent et vivait d'une manière qui leur était inconnue.

As the time passed he began helping in printing the little revolutionary bulletin that was published weekly.

Au fil du temps, il a commencé à contribuer à l'impression du petit bulletin révolutionnaire qui était publié chaque semaine.

"Where does he get the money?" Paulino Vera asked. "Only today, just now, I have found out that he paid the bill for the white paper – one hundred and forty dollars."

« Où trouve-t-il l'argent ? » demanda Paulino Vera. « Rien qu'aujourd'hui, je viens de découvrir qu'il a payé la facture pour le papier blanc - cent quarante dollars. »

Rivera was mysterious. There were periods when they didn't see him for a whole **week**. Once he was away a **month**.

Rivera était mystérieux. Il y avait des périodes où ils ne le voyaient pas pendant une **semaine** entière. Une fois, il a été absent un **mois**.

These occasions were always ending by his return, when without advertisement or speech, he laid gold coins on the desk.

Ces épisodes se terminaient toujours par son retour, où, sans annonce ni discours, il déposait des pièces d'or sur le bureau.

Then again, for days and weeks he spent all his time with the Junta.

Puis à nouveau, pendant des jours et des semaines, il passait tout son temps avec la Junte.

The time of the crisis approached. The need for money was greater than **ever**. Patriots had given their last cent and couldn't give any more.

Le moment de la crise approchait. Le besoin d'argent était plus grand que **jamais**. Les patriotes avaient donné leur dernier centime et ne pouvaient plus en donner.

The time was right. Just one heroic effort and they would come to victory. But it was guns and ammunition that they needed so desperately.

Le moment était venu. Un unique et héroïque effort et ils remporteraient la victoire. Mais c'était d'armes et de munitions dont ils avaient si désespérément besoin.

They had the men impatient who would use the guns. They knew the traders who would sell and deliver the guns.

Ils avaient les hommes impatients qui utiliseraient les fusils. Ils connaissaient les commerçants qui vendraient et livreraient les armes.

But the last dollar had been spent. Guns and ammunition! The **ragged** battalions must be armed. But how?

Mais le dernier dollar avait été dépensé. Des fusils et des munitions ! Les bataillons **en haillons** devaient être armés. Mais comment ?

"It's painful to think that the freedom of Mexico should **depend on** a few thousands of dollars!" said Paulino Vera.

« Il est malheureux de penser que la liberté du Mexique doit **dépendre de** quelques milliers de dollars ! » dit Paulino Vera.

Rivera on his **knees**, scrubbing the floor, looked up, his bare arms covered with **soap** and dirty water.

Rivera, à **genoux**, frottant le sol, leva les yeux, ses bras nus couverts de **savon** et d'eau sale.

"Will five thousand be enough?" he asked.

« Est-ce que cinq mille dollars suffiront ? » a-t-il demandé.

They all looked at each other with **amazement**.

Ils se sont tous regardés avec **étonnement**.

"Order the guns. The time is short. In three weeks I'll bring you the five thousand.

« Commandez les fusils. Le temps presse. Dans trois semaines, je vous apporterai les cinq mille.

The weather will be warmer for those who fight. And then, it is the best I can do." Rivera said.

Le temps sera plus clément pour ceux qui se battent. Et puis, c'est le mieux que je puisse faire », dit Rivera.

It was the longest speech they had ever heard from him. It was **incredible**.

C'était le plus long discours qu'ils avaient entendu de sa part. C'était **incroyable**.

"You are crazy!" cried Paulino Vera.

« Tu es fou ! » a crié Paulino Vera.

"In three weeks," said Rivera. "Order the guns."

« Dans trois semaines, a dit Rivera. Commandez les armes. »

He got up, rolled down his **sleeves** and put on his coat.

Il se leva, retroussa ses **manches** et mit son manteau.

"Order the guns," he said again. "I am going now."

« Commandez les armes, a-t-il répété. Je pars maintenant. »

****

After a few telephone calls a meeting was held in the office of Mr. Kelly, the fight promoter. Kelly was very **busy**; and he was also unlucky.

Après quelques appels téléphoniques, une réunion se tint dans le bureau de M. Kelly, le promoteur de combats. Kelly était très **occupé** ; et il était aussi malchanceux.

He had brought Danny Ward out from New York and arranged the fight for him with Billy Carthey.

Il avait fait venir Danny Ward de New York et avait organisé pour lui un combat contre Billy Carthey.

The fight was only three weeks away; and for two days now – **carefully concealed** from the sporting reporters – Carthey was lying in bed, seriously injured.

Le combat devait avoir lieu trois semaines plus tard, et depuis deux jours - **soigneusement caché** aux journalistes sportifs - Carthey était alité, gravement blessé.

There was no one to take his place. And now Rivera had come, and **revived** Kelly's hope, though only slightly.

Il n'y avait personne pour prendre sa place. Et là, Rivera était arrivé, et avait fait **renaître** l'espoir de Kelly, juste un peu.

"I can beat Ward," was all Rivera said.

« Je peux battre Ward, » fut tout ce que Rivera déclara.

"How do you know? Have you ever seen him fight?" demanded Kelly.

« Comment le sais-tu ? Tu l'as déjà vu combattre ? » demanda Kelly.

Rivera shook head.

Rivera secoua la tête.

"He can beat you with one hand and both eyes closed," **continued** Kelly.

« Il peut te battre avec une main et les deux yeux fermés », **poursuivit** Kelly.

Rivera just **shrugged his shoulders**.

Rivera se contenta de **hausser les épaules**.

"Haven't you got anything to say?" Kelly asked.

« N'as-tu rien à dire ? » demanda Kelly.

"I can beat him".

« Je peux le battre. »

"Well, you know Roberts, right?" said Kelly, "I have sent for him. Let's wait and see what he says, though from the looks of you, you don't have a chance."

« Eh bien, tu connais Roberts, non ? » dit Kelly. « Je l'ai convoqué. Attendons de voir ce qu'il va dire, même si, vu ton allure, tu n'as aucune chance. »

When Roberts arrived, Kelly **got straight to the point**.

Quand Roberts arriva, Kelly **alla droit au but**.

"Look here, Roberts, you have been **bragging** that you discovered this little Mexican.

« Écoutez, Roberts, vous vous êtes **vanté** d'avoir découvert ce petit Mexicain.

You know Carthey **broken** his arm. Well, this little yellow boy says he will take Carthey's place. What do you say about it?"

Vous savez que Carthey s'est **cassé** le bras. Eh bien, ce petit garçon jaune dit qu'il va prendre la place de Carthey. Qu'est-ce que vous en pensez ? »

"It's all right, Kelly, "came the slow answer. "He can fight. I know Rivera. Nobody can beat him. And he is a great two-handed fighter."

« C'est bon, Kelly, » vint la réponse lente. « Il peut se battre. Je connais Rivera. Personne ne peut le battre. Et c'est un grand combattant à deux mains. »

"You don't know that boy. I discovered him. He is a devil. He will be an exceptional fighter."

« Vous ne connaissez pas ce garçon. Je l'ai trouvé. C'est un démon. Il sera un combattant exceptionnel. »

"All right," Kelly turned to the secretary. "Ring up Ward. I told him I would call if **it was worthwhile**."

Très bien, » Kelly se tourna vers la secrétaire. « Appelle Ward. Je lui ai dit que j'appellerais si ça **en valait la peine**. »

Soon after Danny Ward arrived.

Peu après, Danny Ward arriva.

"So that's the guy," Danny said, looking carefully at his proposed opponent. "How do you do, **buddy**?"

« C'est donc lui, » dit Danny en regardant attentivement son éventuel adversaire. « Enchanté, **mon gars**. »

Rivera's eyes burned with a cold fire, but he didn't say anything. He **hated** this man.

Les yeux de Rivera brûlèrent d'un feu froid, mais il ne dit rien. Il **détestait** cet homme.

"What kindergarten did you get him from?" Danny asked mockingly.

« Dans quelle crèche tu l'as trouvé ? » Danny demanda d'un air moqueur.

"He is a good little boy, Danny, believe me," Roberts said: "Not as easy as he looks."

« C'est un bon petit gars, Danny, crois-moi, » dit Roberts. « Pas aussi fragile qu'il en a l'air. »

"Half of the seats are sold already; you will have to fight him, Danny. It's the best we can do," said Kelly.

« La moitié des places sont déjà vendues ; tu vas devoir te battre contre lui, Danny. C'est le mieux qu'on puisse faire, » dit Kelly.

"Then let's get down to business," Danny paused.

« Alors passons aux choses sérieuses, » Danny marqua une pause.

"Of course it'll be, sixty-five per cent of ticket sales, the same as with Carthey. But the split will be different. Eighty will just suit me."

« Bien entendu, ce sera soixante-cinq pour cent des ventes de billets, comme avec Carthey. Mais la répartition sera différente. Je vais prendre quatre-vingts pour cent. »

"Did you get that?" Kelly asked Rivera.

« Tu as compris ? » Kelly demanda à Rivera.

Rivera shook his head.

Rivera secoua la tête.

"Well, it's this way," Kelly said. "The prize money will be sixty-five per cent of the **ticket** sales.

« Eh bien, c'est comme ça, dit Kelly. La valeur de la récompense sera de soixante-cinq pour cent des ventes de **billets**.

You're **unknown**. You and Danny will split the money; twenty per cent goes to you and eighty to Danny. That is **fair**, isn't it, Roberts?"

Tu es un **inconnu**. Toi et Danny vous partagerez l'argent ; vingt pour cent pour toi et quatre-vingts pour Danny. C'est **équitable**, n'est-ce pas, Roberts ? »

"Very **fair**, Rivera," Roberts agreed. "You see, you don't have a reputation yet."

« Très **juste**, Rivera, » Roberts confirma. « Tu vois, tu n'as pas encore de réputation. »

"What will sixty-five per cent of the ticket sales be?" Rivera demanded.

« A combien s'élèveront soixante-cinq pour cent des ventes de billets ? » Rivera demanda.

"Maybe five thousand, maybe as high as eight thousand," Danny explained. "Something like that.

« Peut-être cinq mille, peut-être jusqu'à huit mille, » expliqua Danny. « Quelque chose comme ça.

Your share will come to something like a thousand or sixteen hundred.

Ta part s'élèvera à quelque chose comme mille ou mille six cents.

Pretty good for taking a beating from a guy with my reputation. What do you say?"

Plutôt pas mal pour se prendre une raclée par un gars de ma réputation. Qu'est-ce que t'en dis ? »

"**Winner** takes all," was the answer.

« Le **gagnant** remporte tout », fut la réponse.

There was a dead silence.

Il y eut un silence de mort.

"No, I play it safe. Who knows what can happen? Maybe I'll break my arm, eh?

« Non, je joue la sécurité. Qui sait ce qui peut arriver ? Peut-être que je vais me casser le bras, hein ?

Win or lose, eighty is my split. What do you say, Mexican?"

Que je gagne ou que je perde, je prends quatre vingt, c'est ma part. Qu'en dis-tu, Mexicain ? »

Rivera shook his head. "Winner takes all," he repeated.

Rivera secoua la tête. « Le gagnant remporte tout, répéta-t-il. »

"Why don't you agree?" Danny asked.

« Pourquoi tu ne veux pas accepter ? » Danny demanda.

"I can beat you," was the straight answer.

« Je peux te battre, » fut la réponse directe.

"Look here, you little fool," said Kelly, "you are a nobody. Danny has a reputation.

« Écoute, petit imbécile, » dit Kelly, « tu n'es personne. Danny a une réputation.

His next fight after this will be for a championship. Nobody has ever heard of you in Los Angeles."

Son prochain combat après celui-ci sera pour un championnat. Personne n'a jamais entendu parler de toi à Los Angeles. »

"They will," Rivera answered, "after this fight."

« Ils le feront, » répondit Rivera, « après ce combat. »

"You can't win against me, even in **a thousand** years," Danny answered him.

« Tu ne peux pas gagner contre moi, même dans **mille** ans, » lui répondit Danny.

"If the money is so easy, why don't you agree?" Rivera remarked.

« Si l'argent est si facile, pourquoi n'êtes-vous pas d'accord ? » Rivera a fait remarquer

"OK," Danny cried, "I'll beat you to death in the ring, my boy. Make out the article, Kelly. Winner takes all. I'll show him!"

« D'accord, » cria Danny. « Je vais te battre à mort sur le ring, mon garçon. Rédige l'article, Kelly. Le gagnant remporte tout. Je vais lui montrer ! »

****

Rivera was barely noticed when he entered the ring. The audience didn't **believe** in him.

Rivera fut à peine remarqué lorsqu'il entra sur le ring. Le public ne **croyait** pas en lui.

He was the lamb led to slaughter at the hands of the great Danny.

Il était l'agneau mené à l'abattoir par la volonté du grand Danny.

Besides, the crowd was disappointed. They had expected a long battle between Danny Ward and Billy Carthey, and instead they had this poor little boy.

D'ailleurs, la foule était déçue. Ils s'attendaient à un long combat entre Danny Ward et Billy Carthey, et à la place, ils avaient ce pauvre petit garçon.

Rivera sat down in his corner and waited.

Rivera s'assit dans son coin et attendit.

"Now you must be careful," Spider Hagerty warned him.

« Maintenant, tu dois être prudent », le prévint Spider Hagerty.

Spider was his corner man.

Spider était son homme de coin.

"Make it **last** as long as you can – those are Kelly's instructions."

« Fait **durer** aussi longtemps que tu peux ; ce sont les instructions de Kelly. »

All this was not encouraging. But Rivera did not pay attention.

Tout cela n'était pas encourageant. Mais Rivera n'y prêtait pas attention.

He despised fighting for money and until he had come to the Junta he hadn't fought for money.

Il détestait se battre pour l'argent et jusqu'à son arrivée à la Junte, il ne s'était pas battu pour l'argent.

Danny Ward fought for money and for the easy life that money would bring.

Danny Ward se battait pour l'argent et pour la vie facile que l'argent apporterait.

But the things Rivera fought for, burned in his **mind**.

Mais les choses pour lesquelles Rivera se battait, brûlaient dans son **esprit**.

He saw the white walls of the factories of Rio Blanco. He saw the six thousand workers, hungry and pale.

Il avait vu les murs blancs des usines de Rio Blanco. Il avait vu les six mille ouvriers, affamés et pâles.

The little children, seven and eight years of age, who worked hard for ten cents a day.

Les petits enfants, de sept et huit ans, qui travaillaient dur pour dix cents par jour.

He could see his father working on the little printer or **scribbling** endless lines on the desk.

Il pouvait revoir son père travaillant sur la petite imprimante ou **griffonnant** des lignes interminables sur le bureau.

General Rosalio Martinez and the soldiers of Porfirro Diaz; and the death-spitting rifles that seemed never to cease shooting while the workers fell by the hundreds...

Le général Rosalio Martinez et les soldats de Porfirro Diaz ; et les fusils crachant la mort qui semblaient ne jamais cesser de tirer tandis que les ouvriers tombaient par centaines...

Suddenly he heard a great **roar**, as if it came from the ocean, and he saw Danny Ward coming down to the center aisle.

Soudain, il entendit un grand **rugissement**, semblant venir de l'océan, et il vit Danny Ward descendre dans l'allée centrale.

The crowd was in wild uproar for the popular hero who was bound to win.

La foule était en effervescence pour le héros populaire qui ne pouvait que gagner.

He knew everybody. He joked and laughed and greeted his friends through the ropes.

Il connaissait tout le monde. Il plaisantait, riait et saluait ses amis à travers les cordes.

Rivera was disregarded. He didn't exist for the audience. But he didn't care.

Rivera était ignoré. Il n'existait pas pour le public. Mais il s'en fichait.

His eyes were blinded by a vision of countless rifles. Every face in the audience, as far as he could see, was transformed into a rifle.

Ses yeux étaient aveuglés par la vision d'innombrables fusils. Chaque visage dans le public, aussi loin qu'il pouvait voir, était transformé en fusil.

The gong struck, and the battle was on. The audience **howled** its delight.

Le gong retentit, et la bataille commença. Le public **hurla** de joie.

Danny covered three quarters of the distance in the rush; his intention to destroy the Mexican was plainly seen.

Danny avait parcouru les trois quarts de la distance en courant ; il était évident qu'il avait l'intention de détruire le Mexicain.

He was hitting Rivera endlessly. It was not a fight. It was a slaughter. The audience rarely saw Rivera, who was enveloped in Danny's ferocious attack.

Il frappait Rivera sans relâche. Ce n'était pas un combat. C'était un massacre. Le public ne voyait que rarement Rivera, qui était submergé par l'attaque féroce de Danny.

Then in a separation the audience could see the Mexican. His lip was cut, his nose was bleeding, and there were red lines across his back.

Puis, dans un moment de répit, le public put voir le Mexicain. Sa lèvre était coupée, son nez saignait, et il y avait des lignes rouges dans son dos.

But the audience hasn't noticed that he wasn't **out of breath** and his eyes were burning coldly as ever.

Mais le public ne remarqua pas qu'il n'était pas **essoufflé** et que ses yeux brûlaient plus froidement que jamais.

Too many aspiring champions in the cruel training camp had practiced this ferocious attack on him.

Trop d'aspirants champions dans le cruel camp d'entraînement avaient pratiqué cette attaque féroce sur lui.

Then the amazing thing happened. The ferocious attack ceased suddenly.

Alors, une chose étonnante se produisit. L'attaque féroce cessa soudainement.

Rivera stood alone. And the shocked audience saw Danny lay on his back in the center of the ring.

Rivera se tenait debout, seul. Et le public fut choqué de voir Danny allongé sur le dos au centre du ring.

It was a terrible fight, and it continued a long time. But River fought for the guns, for the revolution. He fought for all Mexico and he won.

Ce fut un combat terrible, et il dura longtemps. Mais Rivera se battait pour les armes, pour la révolution. Il se battait pour tout le Mexique et il sortit victorieux.

There were no congratulations for him. He went to his corner, where his corner man had not yet placed his **stool**.

Il n'y eut pas de congratulations pour lui. Il rejoignit son coin, où l'homme de coin n'avait pas encore placé son **tabouret**.

He leaned back on the ropes and looked with hatred at the audience.

Il s'adossa aux cordes et regarda le public avec haine.

His knees trembled. But the guns were his – the revolution could go on.

Ses genoux tremblaient. Mais les armes étaient à lui - la révolution pouvait continuer.

Key Vocabulary:

- **manière** n.f. – way, manner.
- **bondé** adj. – full, (jam-)packed; crowded.
- **soupçonner** v.tr. – to suspect, doubt.
- **trop de** adv. – too much/many.
- **attendre** v.intr. – to wait;
- **sourire** n.m. – smile; v.intr. – to smile.
- **sol** n.m. – floor; soil, ground.
- **sale** adj. – dirty, filthy.
- **frotter** v.tr. – to rub, scrub.
- **balayer** v.tr. – to sweep.
- **dormir** v.intr. – to sleep.
- **manger** v.tr. – to eat.
- **offrir** [qch] à [qqn] v.tr. – to offer [sb] [sth].
- **beaucoup** adv. a lot, a great deal.
- **loyer** n.m. – rent.
- **menacer** v.tr. – to threaten, menace.
- **découvrir** v.tr. – to find out, discover.
- **caractère** n.m. – character, personality.
  mauvais ~ – bad temper.
- **entre** prép. – between.
- **creuser** v.intr. – to dig.
- **jeter** v.tr. – to throw.
- **gâcher** v.tr. – to ruin, spoil.
- **rétablir** v.tr. – re-establish, reconnect.
- **poitrine** n.f. – chest; bust.
- **craindre** v.tr. – to be afraid of, to fear.
- **oreille** n.f. – ear.

- **bagarrer** v.tr. – to fight, battle, brawl.
- **semaine** n.f. – week.
- **mois** n.m. – month.
- **jamais** adv. – (positive sense) ever; (negative sense) never.
- **en haillons** – in rags; ragged; **haillon** n.m. – rag.
- **dépendre de** v.tr. – depend on [sth].
- **genou** n.m. – knee; **se mettre à ~x** – be/get down on your knees.
- **savon** n.m. – soap.
- **étonnement** n.m. – astonishment, amazement.
- **incroyable** adj. – incredible.
- **manche** n.f. – (of garment) sleeve.
- **occupé** adj. – busy, occupied.
- **soigneusement** adv. – carefully, neatly.
- **cacher** v.tr. – hide, conceal.
- **renaître** v.intr. – (fig.) be reborn, revive; find a new lease on life.
- **poursuivre** v.tr. – go on (with), continue.
- **hausser** v.tr. – raise, put [sth] up; **~ les épaules** – shrug your shoulders; shrug.
- **aller droit au but** – get straight to the point.
- **se vanter** v.pron. – brag, boast; v.tr. – to praise. *pas de quoi se vanter* – *nothing to brag about.*
- **casser** v.tr. – break, fracture.
- **en valoir la peine** – be worthwhile/worth it.
- **gars** n.m – lad, young boy; **mon ~** – (informal) buddy, mate.
- **détester** v.tr. – to hate, detest.
- **billet** n.m. – ticket, pass.
- **inconnu** adj. – unknown person.
- **équitable** adj. – fair, right; equitable.
- **juste** adj. – fair, just, right.
- **gagnant** n.m. – winner; adj. – winning.
- **mille** num. (invariable) – a thousand, one thousand.

- **croire** v.tr. – to believe.
- **durer** v.intr. – to last, go on.
- **esprit** n.m. – mind, spirit; (fig.) head.
- **griffonner** v.tr. – scribble, scrawl.
- **rugissement** n.m. – roar, roaring.
- **hurler** v.tr. – yell, scream, howl.
- **essoufflé** adj. – out/short of breath.
- **tabouret** n.m. – stool.

9. A Cup of Tea *(after K. Mansfield)* / Une tasse de thé *(d'après K. Mansfield)*

Rosemary Fell was not exactly **beautiful**. No, you couldn't have called her beautiful.

Rosemary Fell n'était pas vraiment **belle**. Non, on ne pouvait pas dire d'elle qu'elle était belle.

Pretty? Well, if you took her to pieces... But why be so cruel as to take anyone to pieces?

Jolie ? Eh bien, si on la coupait en morceaux... Mais pourquoi être cruel au point de couper quiconque en morceaux ?

She was young, smart, extremely modern, very well dressed and her parties were a mixture of important people and... artists.

Elle était jeune, intelligente, extrêmement moderne, très bien vêtue et ses soirées accueillaient un mélange de personnes importantes et... d'artistes.

Rosemary had been married for two years. She had a wonderful son and her husband absolutely **adored** her. They were very rich.

Rosemary était mariée depuis deux ans. Elle avait un fils merveilleux et son mari l'**adorait**. Ils étaient fort riches.

If Rosemary wanted to shop, she would go to Paris as you and I would go to Bond Street.

Si Rosemary voulait faire du shopping, elle se rendait à Paris comme vous et moi irions à Bond Street.

If she wanted to buy flowers, the car would stop at the best shop in Regent Street and inside the shop Rosemary would just say: "I want those and those. And that jar of roses."

Si elle voulait acheter des fleurs, la voiture s'arrêtait devant la meilleure boutique de Regent Street et, dans ladite boutique, Rosemary disait simplement : « Je veux celles-ci et celles-là. Ainsi que ce pot de roses. »

One winter afternoon she had been buying something in a little antique shop in Curzon Street.

Un après-midi d'hiver, elle avait effectué un achat dans un petit magasin d'antiquités de Curzon Street.

It was a shop she liked. The owner was very **fond of** her. He was delighted when she came.

C'était une boutique qu'elle aimait bien. Le propriétaire l'**aimait beaucoup**. Il était ravi lorsqu'elle venait.

"You see, madam," he would explain in his respectful tone," I love my things.

« Vous voyez, madame, » lui expliqua-t-il de son ton respectueux, « j'aime mes objets.

I would prefer not to part with them at all, rather than sell them to someone who does not appreciate them, who does not have that delicate sensitivity…"

Je préfère ne pas m'en séparer du tout, plutôt que de les vendre à quelqu'un qui ne les apprécie pas, quelqu'un dénué de cette délicate sensibilité… »

And breathing deeply, he **unrolled** a very small piece of blue velvet and put it on the glass counter.

Et, en respirant profondément, il **déroula** un tout petit morceau de velours bleu et le posa sur le comptoir en verre.

Today it was a little box. He had been keeping it for her. He did not show it to anybody yet. A beautiful little box.

Aujourd'hui, il s'agissait d'une petite boîte, qu'il avait gardée pour elle. Il ne l'avait encore montrée à personne. Une jolie petite boîte.

On the lid a tiny creature stood under a blooming tree, and even smaller creature had her arms **around** his **neck**.

Sur le couvercle, une minuscule créature se tenait sous un arbre en fleurs, et une créature encore plus petite avait enroulé ses bras **autour** de son **cou**.

Rosemary took her **gloves** off to examine the box. Yes, she liked it very much. She loved it; it was beautiful. She absolutely must have it.

Rosemary retira ses **gants** pour examiner la boîte. Oui, elle l'aimait beaucoup. Elle l'adorait même : elle était magnifique. Il la lui fallait absolument.

The salesman leaned over the counter and murmured gently: "If I may to point out to madam, the flowers on the little lady's dress."

Le vendeur se pencha au-dessus du comptoir et murmura doucement : « Si je peux me permettre de faire remarquer à madame les fleurs présentes sur la robe de la petite dame. »

"Charming!" Rosemary admired the flowers. But what was the price?

« Charmantes ! » Rosemary admira les fleurs. « Mais quel en est le prix ? »

For a moment the shop owner did not seem **to hear**. Then a murmur reached her: "fifty-three, pounds, madam."

Pendant un temps, le commerçant ne parut pas avoir **entendu**. Puis un murmure lui parvint : « cinquante-trois livres, Madame. »

"Fifty-three pounds." Rosemary did not say anything. She laid the little box down and put her gloves on.

« Cinquante-trois livres. » Rosemary ne fit aucun commentaire. Elle posa la petite boîte et enfila ses gants.

Fifty-three pounds. Even if one is rich... "Well, keep it for me – will you? I'll..."

Cinquante-trois livres. Même pour quelqu'un de riche... « Bon, gardez-la-moi, voulez-vous ? Je vais... »

But the owner had already **bowed**. Of course, he would be willing to keep it for her.

Mais le propriétaire s'était déjà **incliné**. Évidemment qu'il était prêt à la garder pour elle.

She went outside, gazing at the winter afternoon. Rain was falling, and with the rain it seemed the dark came too. People **hurried** by, hidden under their umbrellas.

Elle sortit et observa l'après-midi hivernal. La pluie tombait et, avec elle, la nuit semblait approcher elle aussi. Les gens se **hâtaient**, camouflés sous leurs parapluies.

Rosemary felt a strange pang. She wished she had the little box. Her car was there. She had only to cross the **pavement**.

Rosemary ressentit une étrange douleur. Elle aurait aimé avoir la petite boîte. Sa voiture était là. Elle n'avait qu'à traverser le **trottoir**.

At that instant a thin young girl appeared at Rosemary's elbow and a voice, almost like a sigh, whispered: "Madam, may I speak to you a moment?"

À cet instant, une jeune fille svelte apparut au coude de Rosemary et une voix, semblable à un soupir, chuchota : « Madame, puis-je vous parler un instant ? »

"Speak to me?" Rosemary turned. She saw a little creature with enormous eyes, quite young, no older than herself, who was **shivering** as if she had just come out of the water.

« Me parler ? » Rosemary se retourna et aperçut une petite créature aux yeux énormes, plutôt jeune, pas plus âgée qu'elle, qui **frissonnait** comme si elle venait de sortir de l'eau.

"M-madam," stammered the voice, "would you let me have the price of a cup of tea?"

« M-madame, » balbutia la voix, « pourriez-vous me donner l'équivalent d'une tasse de thé ? »

"A cup of tea?" There was something simple, sincere in that voice; it wasn't the voice of a **beggar**.

« Une tasse de thé ? » Il y avait quelque chose de simple et de sincère dans cette voix ; ce n'était pas la voix d'une **mendiante**.

"Then you have no money at all?" asked Rosemary.

« Alors vous n'avez pas d'argent du tout ? » s'enquit Rosemary.

"No, madam," came the answer.

« Non, Madame, » lui répondit-on.

"How incredible!" Rosemary looked at the girl who was staring at her.

« C'est incroyable ! » Rosemary regarda la fille qui la fixait.

And suddenly it seemed to Rosemary such an adventure. It was like something out of a novel by Dostoevsky, this meeting in the dark.

Et soudain Rosemary eut une impression d'aventure. Cette rencontre dans l'obscurité paraissait tout droit sortie d'un roman de Dostoïevski.

What if she took the girl home? Suppose she really did one of those things she was always reading about, what would happen?

Et si elle emmenait la fille chez elle ? Supposons qu'elle fasse vraiment une de ces choses qu'elle lisait toujours, que se passerait-il ?

It would be exciting. And she saw herself saying to the amazement of her friends: "I simply took her home with me."

Ce serait excitant. Et elle se vit dire, à la stupéfaction de ses amis : « Je l'ai simplement emmenée chez moi. »

So she stepped forward and said to that person beside her: "Come home with me to have some tea."

Ainsi, elle s'avança et dit à la personne à côté d'elle : « Venez chez moi prendre le thé. »

The girl **stepped back** much surprised. She even stopped shivering for a moment. Rosemary put out a hand and touched girl's arm.

La fille **recula** d'un pas, fort surprise. Elle cessa même de frissonner pendant un moment. Rosemary tendit une main et toucha le bras de la fille.

"I want you to come with me," she said smiling. "Why won't you? Let's go! Come home with me in my car and I'll give you some tea."

« Je veux que vous veniez avec moi, » dit-elle en souriant. « Pour quelle raison ne viendrez-vous pas ? Allons-y ! Venez chez moi dans ma voiture et je vous donnerai du thé. »

"You don't mean it, madam," said the girl, and there was pain in her voice.

« Vous ne le pensez pas, Madame, » dit la jeune fille, une certaine douleur dans la voix.

"But I do," cried Rosemary. "I want you to come with me. Let's go."

« Bien sûr que je le pense, » s'écria Rosemary. « Je veux que vous m'accompagniez. Allons-y. »

The girl put her fingers to her lips and her eyes were fixed on Rosemary. "You're not taking me to the police station?" she stammered.

La jeune fille posa ses doigts sur ses lèvres et ses yeux se braquèrent sur Rosemary. « Vous n'allez pas m'emmener au commissariat ? » bredouilla-t-elle.

"The police station?" Rosemary laughed. "Why should I be so cruel? No, I only want to make you warm and to hear anything you would like to tell me."

« Au commissariat ? » rit Rosemary. « Pourquoi serais-je cruelle à ce point ? Non, je veux seulement que vous vous réchauffiez et écouter ce que vous voudrez bien me raconter. »

The driver held the door of the car open. "Here we are!" said Rosemary. She had a feeling of triumph.

Le chauffeur tint la porte de la voiture ouverte. « Nous y sommes ! » dit Rosemary, d'un air triomphant.

She was going to prove to this girl that wonderful things happened in life, that **fairies** were real, that rich people had hearts, and that women were sisters.

Elle allait prouver à cette fille que des choses merveilleuses survenaient dans la vie, que les **fées** étaient réelles, que les riches avaient un cœur et que les femmes étaient des sœurs.

She turned quickly, saying: "Don't be frightened. After all, why shouldn't you come with me?

Elle se retourna vivement, en disant : « N'ayez pas peur. Après tout, pourquoi ne viendriez-vous pas avec moi ?

We're both women. If I'm the more fortunate, you should to expect…"

Nous sommes toutes deux des femmes. Si je suis la plus fortunée, vous devriez vous attendre… »

She did not know how to finish the sentence, but fortunately at that moment the car stopped.

Elle ne sut comment terminer la phrase, or heureusement, à ce moment précis, la voiture s'arrêta.

The bell was rung, the door opened, and with a charming protecting movement Rosemary led the girl into the hall.

On sonna, la porte s'ouvrit et, dans un charmant mouvement protecteur, Rosemary conduisit la jeune fille dans le hall.

Warmth, light, sweet odor, all these things, were received by the girl with amazement and Rosemary noticed it. It was wonderful.

La **chaleur**, la lumière, l'odeur suave, toutes ces choses furent accueillies par la jeune fille avec étonnement et Rosemary le remarqua. C'était merveilleux.

She was like the little rich girl in her **kindergarten** with all the cupboards to open, all the boxes to unpack.

Elle était comme la petite fille riche dans son **jardin d'enfants** avec toutes les armoires à ouvrir, toutes les boîtes à déballer.

"Come upstairs," said Rosemary, wishing to be kind. "Come up to my room."

« Montez, » dit Rosemary, souhaitant se montrer gentille. « Montez dans ma chambre. »

And besides, she didn't want the servants to stare at this poor little thing.

En outre, elle ne souhaitait pas que les domestiques dévisagent cette pauvre petite chose.

"And here we are!" cried Rosemary again, as they reached her beautiful big bedroom with the curtains drawn, the fireplace illuminating her wonderful furniture, her gold cushions and blue rug.

« Nous y voilà ! » s'écria de nouveau Rosemary, tandis qu'elles approchaient de sa belle et vaste chambre avec les rideaux tirés, la cheminée illuminant ses magnifiques meubles, ses coussins dorés et son tapis bleu.

The girl stood just inside the door, she seemed unable to move. "Come and sit down," she cried, **dragging** her huge chair up to the fire, "in this comfy chair. Come and **get warm**. You look so awfully cold."

La jeune fille se tenait sur le seuil ; elle semblait incapable de bouger. « Venez vous asseoir, » s'exclama-t-elle en **traînant** un énorme fauteuil jusqu'au feu, « dans ce confortable fauteuil. Venez vous **réchauffer**. Vous avez l'air d'avoir terriblement froid. »

"I can't dare, madam", said the girl.

« Je n'ose pas, Madame, » dit la jeune fille.

"Oh, please," said Rosemary, "you mustn't be frightened, really."

« Oh, s'il vous plaît, » intervint Rosemary, « vous ne devez pas avoir peur, vraiment. »

"Sit down and get warm and then we'll go into the next room to have tea and be cozy. Why are you afraid?"

« Asseyez-vous, réchauffez-vous, puis nous irons dans la pièce d'à côté pour prendre le thé et nous mettre à l'aise. Pourquoi avez-vous peur ? »

And she gently pushed the thin figure into a deep chair.

Et elle poussa doucement la mince silhouette dans un large fauteuil.

But there was no answer. The girl stayed with her hands by her sides and her **mouth** slightly open.

Or aucune réponse ne vint. La jeune fille resta les mains le long du corps et la **bouche** entrouverte.

To be sincere she looked rather silly. Rosemary leaned over her, saying:

Pour être sincère, elle avait l'air plutôt stupide. Rosemary se pencha vers elle et dit :

"Won't you take off your hat? Your pretty hair is all wet; and one is so much more comfortable without a hat, isn't it?"

« Vous ne voulez pas enlever votre chapeau ? Vos jolis cheveux sont tout mouillés, et on est tellement plus à l'aise sans chapeau, n'est-ce pas ? »

There was a whisper that sounded like "Very good, madam," and the old hat was taken off.

Un murmure qui ressemblait à un « très bien, madame » se manifesta, et le vieux chapeau fut retiré.

"Let me help you to take the coat off too," said Rosemary.

« Laissez-moi vous aider à enlever votre manteau aussi, » dit Rosemary.

The girl stood up. But she held on to the chair with one hand and let Rosemary pull. It was quite an effort.

La jeune fille se leva, en s'accrochant au fauteuil d'une main, et laissa Rosemary le lui retirer. Ce ne fut pas une mince affaire.

The girl did not help her at all. She seemed to wobble like a child.

La jeune fille ne lui apporta aucune aide. Elle tanguait comme un enfant.

Rosemary did not know what to do with the coat when it finally came off, so she just left it on the floor, and the hat too.

Une fois qu'elle l'eut retiré, Rosemary ne sut quoi faire du manteau, alors elle l'abandonna par terre, ensemble avec le chapeau.

She was just going to take a cigarette off the mantelpiece when the girl said quickly: "I'm very sorry, madam, but I am going to faint. I shall **faint**, madam, if I don't have something to eat."

Elle s'apprêtait à prendre une cigarette sur la cheminée quand la fille dit rapidement : « Je suis vraiment désolée, Madame, mais je vais m'évanouir. Je vais **m'évanouir**, Madame, si je ne mange pas quelque chose. »

"Good havens, how thoughtless I am!" Rosemary rushed to the bell.

« Grands dieux, quelle insouciante je fais ! » Rosemary se précipita vers la sonnette.

"Tea! Tea at once! And some brandy immediately!"

« Du thé ! Du thé, tout de suite ! Et du brandy immédiatement ! »

The maid was gone, but the girl almost cried out. "No, I don't want any brandy. I never drink brandy.

La femme de chambre était partie, mais la jeune fille cria presque : « Non, je ne veux pas de brandy. Je ne bois jamais de brandy.

It's a cup of tea that I want, madam." And she burst into tears.

C'est une tasse de thé que je veux, Madame. » Puis elle éclata en sanglots.

It was a terrible moment. Rosemary knelt beside her chair.

Ce fut un moment terrible. Rosemary s'agenouilla près de sa chaise.

"Don't cry, poor little thing," she said. "Don't cry." And she gave her **handkerchief**.

« Ne pleurez pas, pauvre petite chose, » dit-elle. « Ne pleurez pas. » Et elle lui donna son **mouchoir**.

She really was touched beyond words. She put her arms around those thin, bird-like shoulders.

Elle n'avait pas de mots pour exprimer son émotion. Elle mit ses bras autour de ces fines épaules, semblables à celles d'un oiseau.

Now at last the other forgot to be shy, forgot everything except that they were both women, and cried out:

L'autre oublia enfin sa timidité, elle oublia tout, sauf le fait qu'elles étaient toutes deux des femmes, et s'écria :

"I can't go on like this. I can't bear it. I'll kill myself. I can't bear it anymore."

« Je ne peux pas continuer comme ça. Je ne peux pas le supporter. Je vais me tuer. Je ne peux plus le supporter. »

"You wouldn't have to. I'll look after you. Don't cry any more. It was a good thing that you've met me.

« Ne faites pas cela. Je vais m'occuper de vous. Ne pleurez plus. C'est une bonne chose que vous m'ayez rencontrée.

We'll have tea and you'll tell me everything. And I shall think of something. I promise. Do stop crying. It's so bad for you. Please!"

Nous prendrons le thé et vous me raconterez tout. Et je trouverai une solution. Je vous le promets. Cessez de pleurer. C'est mauvais pour vous. Je vous en prie ! »

The other stopped just in time for Rosemary to get up before the tea came. She had the table placed between them.

L'autre s'arrêta juste à temps pour que Rosemary se lève avant que le thé arrive. Elle plaça la table entre elles.

She gave the poor little creature everything; all the sandwiches, all the bread and butter, and every time her cup was empty she filled it with tea, cream and sugar. People always said sugar was so nourishing.

Elle offrit tout à la pauvre petite créature : tous les sandwichs, tout le pain et le beurre, et chaque fois que sa tasse se vidait, elle la remplissait de thé, de crème et de sucre. On disait toujours que le sucre était nourrissant.

As for herself she did not eat; she smoked and looked away tactfully so that the other didn't feel uncomfortable.

Quant à elle, elle ne mangea pas ; elle fumait et détournait le regard discrètement pour que l'autre ne se sente pas incommodée.

And the effect of that light meal was wonderful.

Et l'effet de ce repas léger fut merveilleux.

When the tea table was carried away a new being, a little creature with beautiful **hair**, dark lips, lighted eyes, lay back in the big chair, looking at the fire.

Lorsque la table à thé fut débarrassée, un nouvel être, une petite créature aux beaux **cheveux**, aux lèvres sombres, aux yeux clairs, s'allongea dans le grand fauteuil, les yeux posés sur le feu.

Rosemary lit another cigarette; it was time to begin.

Rosemary alluma une autre cigarette ; il était temps de commencer.

"And when did you have your last meal?" she asked softly.

« Quand avez-vous pris votre dernier repas ? » demanda-t-elle avec douceur.

But at that moment the door handle turned.

Or au même moment, la poignée de la porte tourna.

"Rosemary, may I come in?" It was Philip.

« Rosemary, puis-je entrer ? » C'était Philippe.

"Of course."

« Bien sûr. »

He came in. "Oh, I am sorry," he said and stopped and stared.

Il entra. « Oh, je suis désolé, » dit-il, puis il s'arrêta et les fixa.

"It's quite all right," said Rosemary smiling. "This is my friend, Miss... "

« Ce n'est pas grave, » dit Rosemary en souriant. « Voici mon amie, Mademoiselle... »

"Smith, madam," said the thin figure, who was strangely calm and unafraid.

« Smith, Madame, » dit la mince silhouette, étrangement calme et dénuée de peur.

"Smith," said Rosemary. "We are going to have a little talk."

« Smith, » dit Rosemary. « Nous allons avoir une petite conversation. »

"Oh, yes," said Philip, and his eyes caught sight of the coat and hat on the floor. He came over to the fire and turned his back to it.

« Oh, oui, » dit Philippe, et ses yeux remarquèrent le manteau et le chapeau gisant sur le sol. Il s'approcha du feu et tourna le dos à celui-ci.

"It's a horrible afternoon," he said, looking at the listless figure, and then at Rosemary.

« C'est un horrible après-midi, » dit-il en regardant la silhouette apathique, puis Rosemary.

"Yes, isn't it?" said Rosemary enthusiastically. "Terrible."

« Oui, en effet, » dit Rosemary avec enthousiasme. « Affreux. »

Philip smiled. "Actually," said he, "I wanted to ask you to come into the **library** for a moment. Will Miss Smith excuse us?"

Philippe sourit. « En fait », dit-il, « je voulais te demander de venir un instant dans la **bibliothèque**. Est-ce que Mademoiselle Smith veut bien nous excuser ? »

The big eyes were raised to him, but Rosemary answered for her. "Of course she will." And they went out of the room together.

Les grands yeux se levèrent dans sa direction, mais Rosemary répondit à sa place. « Bien sûr qu'elle le veut. » Et ils sortirent de la pièce ensemble.

"Listen," said Philip, when they were alone. "Explain. Who is she? What does it all mean?"

« Écoute, » dit Philippe, une fois qu'ils furent seuls. « Explique-moi. Qui est-elle ? Qu'est-ce que tout ça signifie ? »

Rosemary, laughing, leaned against the door and said: "I picked her up in Curzon Street. She asked me for the price of a cup of tea, and I brought her home with me."

Rosemary s'appuya en riant contre la porte et répondit : « Je l'ai récupérée dans Curzon Street. Elle m'a demandé l'équivalent d'une tasse de thé, et je l'ai ramenée à la maison avec moi. »

"But what on earth are you going to do with her?" cried Philip.

« Mais que diable vas-tu faire avec elle ? » s'écria Philippe.

"Be nice to her," said Rosemary, quickly. "Be very nice to her. Take care of her. I don't know how. But show her – treat her – make her feel – "

« Faire preuve de gentillesse envers elle, » répondit prestement Rosemary. « Faire preuve d'une grande gentillesse envers elle. Prendre soin d'elle. Je ne sais pas comment, mais le lui montrer, la soigner, lui faire sentir...

"My darling girl," said Philip. "You're quite silly, you know. It simply can't be done."

« Ma chérie, » dit Philippe. « Ne sois pas ridicule. C'est tout simplement impossible. »

"I knew you'd say that," exclaimed Rosemary. "Why not? I want to. Isn't that a reason? And besides, we often read of such things. I decided – "

« Je savais que tu dirais ça ! » s'exclama Rosemary. « Mais pourquoi pas ? Le fait que je le veuille n'est-il pas une raison ? Et puis, on lit souvent des choses semblables. Je l'ai décidé... »

"But," said Philip slowly, and he cut the end of a cigar, "she's so **astonishingly** pretty."

« Mais, » intervint Philippe calmement en coupant le bout de son cigare, « elle est **incroyablement** jolie. »

"Pretty?" Rosemary was so surprised that she **blushed**. "Do you really think so? I – I hadn't thought about it."

« Jolie ? » Rosemary fut si surprise qu'elle en **rougit**. « Tu le penses vraiment ? Je... je n'y avais pas pensé. »

"Good Lord!" Philip lit the cigar. "She's absolutely lovely. Look at her again, my dear. I was so surprised when I came into your room! I think you're making a big mistake.

« Bon Dieu ! » Philippe alluma le cigare. « Elle est absolument ravissante. Regarde-la encore une fois, ma chère. J'ai été vraiment surpris quand je suis entré dans ta chambre ! Je pense que tu commets une grosse erreur.

Sorry, darling, if I'm so **frank**. But if Miss Smith is going to dine with us, give me time to find her position in society."

Désolé, chérie, d'être aussi **franc**, mais si Mademoiselle Smith doit dîner avec nous, laisse-moi le temps de trouver son statut dans la société. »

"You absurd creature!" said Rosemary, and went out of the library, but not back to her bedroom. She went to another room and sat down for a moment.

« Espèce de stupide créature ! » dit Rosemary, puis elle sortit de la bibliothèque, mais ne retourna pas dans sa chambre. Elle se rendit dans une autre pièce et s'assit un instant.

Pretty! Absolutely lovely! Her heart was beating like a heavy bell. Pretty! Lovely!

Jolie ! Absolument ravissante ! Son cœur battait aussi lourdement qu'une cloche. Jolie ! Ravissante !

She drew her check book towards her. But no, checks would be of no use, of course.

Elle tira son carnet de chèques à elle. Mais non, les chèques ne serviraient à rien, bien sûr.

She opened a drawer and took out five one-pound banknotes, looked at them, then put two back, and holding the three in her hand, she went back to her bedroom.

Elle ouvrit un tiroir et en extirpa un billet de cinq livres sterling, le regarda, puis en rajouta deux et, munie des trois, elle retourna dans sa chambre.

Half an hour later Philip was still in the library, when Rosemary came in.

Une demi-heure plus tard, Philippe se trouvait toujours dans la bibliothèque, lorsque Rosemary entra.

"I only wanted to tell you," said she, and leaned against the door and looked at him, "Miss Smith won't dine with us tonight."

« Je voulais seulement te dire, » dit-elle, en s'appuyant contre la porte et en le regardant, « que Mademoiselle Smith ne dînera pas avec nous ce soir. »

Philip put down the paper. "Oh, what's happened? Previous engagement?"

Philippe posa le journal. « Oh, que s'est-il passé ? Un engagement préalable ? »

Rosemary came over and sat down by his side. "She **insisted** on going," she said. "So I gave the poor little creature a present of money.

Rosemary s'approcha et s'assit à ses côtés. « Elle a **insisté** pour partir, » dit-elle. « J'ai donc donné de l'argent à cette pauvre petite créature.

I couldn't keep her against her will, could I?" she asked softly.

Je ne pouvais pas la garder contre son gré, si ? » demande-t-elle doucement.

Rosemary had just **put on make-up** and was wearing her pearls. She raised her hands and touched Philip's cheeks.

Rosemary venait de **se maquiller** et portait ses perles. Elle leva les mains et toucha les joues de Philippe.

"Do you like me?" said she.

« Est-ce que tu m'aimes un peu ? » dit-elle.

"I like you very much," he said, "Kiss me."

« Je t'aime beaucoup, » répondit-il, « Embrasse-moi. »

Then Rosemary said dreamily: "I saw a wonderful little box today. It cost fifty three pounds. May I have it?"

Puis, d'un air rêveur, Rosemary dit : « J'ai vu une merveilleuse petite boîte aujourd'hui. Elle coûtait cinquante-trois livres. Puis-je l'acquérir ? »

"You may, my little **wasteful one**," said Philip.

« Tu peux, ma petite **gaspilleuse**, » répondit Philippe.

But that wasn't really what Rosemary wanted to say.

Mais ce n'était pas vraiment ce que Rosemary voulait dire.

"Philip," she whispered, "am I pretty?"

« Philippe, » chuchota-t-elle, « suis-je jolie ? »

Key Vocabulary:

- **belle** n.f. – beauty, beautiful woman.
- **adorer** v.tr. – to adore.
- **aimer** v.tr. – to love; ~ **beaucoup** – to be fond of, to like.
- **dérouler** v.tr. – to unroll, roll out; uncoil, unwind.
- **autour** adv. – around.
- **cou** n.m. – neck.
- **gant** n.m. – glove.
- **entendre** v.tr. – to hear.
- **incliner** v.tr. – to lean, tilt; to bow.
- **hâter** v.tr. – to hasten, speed up; **se** ~ – to hurry, rush.
- **trottoir** n.m. – pavement, sidewalk.
- **frissonner** v.intr. – to shiver (with cold).
- **mendiant** n.m. – beggar; mendicant.
- **reculer** v.intr. – to retreat; to step back(ward), move back.
- **fée** n.f. – fairy.
- **chaleur** n.f. – heat; (fig.) warmth.
- **jardin d'enfants** – kindergarten, nursery school.
- **traîner** v.tr. – to drag, to pull; to haul.
- **se réchauffer** v.pron. – to warm up, get warm; warm yourself.
- **bouche** n.f. – mouth.
- **s'évanouir** v.pron. – to faint, pass out; lose consciousness.
- **mouchoir** n.m. – tissue, handkerchief.
- **cheveux** n.m.pl. – hair.
- **bibliothèque** n.f. – library.
- **incroyablement** adv. – incredibly, astonishingly.
- **rougir** v.intr. – to blush, go/turn red.
- **franc** adj. – frank; open, candid.
- **insister** v.intr. – to insist.
- **se maquiller** – put on make-up;
  maquiller v.tr. – to fake, to cover [sth] up.
- **gaspilleur** n.m. | **gaspilleuse** n.f – wasteful person.

10. **Lost in the Post** *(after A. Philips)* / **Perdu à la Poste** *(d'après A. Philips)*

It was not only the fact of knowing that the letter was addressed to his wife that made Ainslie **nervous**.

Ce n'était pas seulement le fait de savoir que la lettre était adressée à sa femme qui rendait Ainslie **nerveux**.

It was the sudden familiarity of his own name, in thousands of others he had seen that night.

C'était la familiarité soudaine de son propre nom parmi les milliers d'autres qu'il avait vus cette nuit-là.

At first, being very tired, he failed to understand. He was holding the envelope in his hand for the whole minute.

Au début, étant fatigué, il n'avait pas compris. Il avait tenu l'enveloppe dans sa main pendant une longue minute.

Then his face reddened. Furious jealousy had **overwhelmed** him.

Puis son visage avait rougi. Une jalousie furieuse l'avait **envahi**.

He turned the letter over and over in his fingers. It had an Australian **stamp**. The postmark was Melbourne. The address was written in a round letters.

Il avait tourné et retourné la lettre entre ses doigts. Elle avait un **timbre** australien. Le cachet de la Poste indiquait Melbourne. L'adresse était écrite en lettres rondes.

And Ainslie knew that the **sender** was Dicky Soames, his wife's cousin, whom he hated more than any man in the world.

Et Ainslie sut que **l'expéditeur** était Dicky Soames, le cousin de sa femme, qu'il détestait plus que tout autre homme au monde.

Six months ago the postman handed him such another letter. He had thrown it into the fire.

Il y a six mois, le facteur lui avait remis une autre lettre du genre. Il l'avait jetée au feu.

Ainslie had a real cause for jealousy. His wife was honest, a splendid housekeeper, a very good mother to their two children.

Ainslie avait une bonne raison d'être jaloux. Son épouse était honnête, une excellente gouvernante, une très bonne mère pour leurs deux enfants.

But Ainslie (hard-working and anxious to succeed) was almost a maniac.

Mais Ainslie (travailleur et désireux de réussir) faisait presque figure de maniaque.

He could not believe that though he had married Adela Morton, she did not have affection for the **lazy** and irresponsible cousin who had courted her so long.

Il ne pouvait croire que, bien qu'il ait épousé Adela Morton, celle-ci n'éprouva pas d'affection pour le cousin **paresseux** et irresponsable qui l'avait si longtemps courtisée.

The **fact** that Dicky Soames many years ago had gone out to join his – and Adela's – uncle at Melbourne store made no difference to him.

Le **fait** que Dicky Soames soit parti, il y a de nombreuses années, rejoindre son oncle - et celui d'Adela - au magasin de Melbourne ne faisait aucune différence pour lui.

He was sure that someday his rival would return and take Adela from him.

Il était sûr qu'un jour, son rival reviendrait et lui ravirait Adela.

While he stood at the sorting table, he made up his mind to have the letter at all costs.

Tandis qu'il se tenait à la table de tri, il se mit en tête de récupérer la lettre à tout prix.

Instinctively his hand that held the letter went towards the right pocket of the coat. Then it stopped. Ainslie, caught by a sudden fear, had looked quickly around.

Instinctivement, la main tenant la lettre se dirigea vers la poche droite du manteau. Puis s'arrêta. Saisi d'une peur subite, Ainslie avait brièvement regardé autour de lui.

It was well for him that he did so, because behind him stood one of the supervisors. Ainslie put the letter on the appropriate **heap** and went on working.

Il eut bien fait de s'y appliquer, car derrière lui se trouvait l'un des superviseurs. Ainslie posa la lettre sur le **tas** approprié et reprit le travail.

Once or twice during breaks in the work he glanced behind him to see if he was still being watched.

Une ou deux fois, lors des pauses, il jeta un coup d'œil derrière lui pour voir si on le surveillait toujours.

The supervisor stayed there – and stared at him. It was clear that he had seen Ainslie gesture and therefore thought the worst.

Le superviseur restait là, à le fixer. Sans aucun doute avait-il surpris le geste d'Ainslie et pensait donc au pire.

Quite soon Ainslie's chance was gone. The pile of sorted letters has been taken over to the postmen's tables at the far end of the room.

Très vite, la chance d'Ainslie s'envola. La pile de lettres triées fut transférée sur les tables des facteurs au fond de la pièce.

The letters and among them the letter for Ainslie's wife, would remain there until the next morning, and taken out for delivery a few minutes before Ainslie came back to work again.

Les lettres, et parmi elles celle destinée à la femme d'Ainslie, y resteraient jusqu'au lendemain matin, et seraient sorties pour être distribuées quelques minutes avant qu'Ainslie ne reprenne le travail.

At ten o'clock the office would be closed and the doors would be locked; and to find out what Dicky Soames had written would be impossible.

À dix heures, le bureau fermera et les portes seront verrouillées, et il sera donc impossible de découvrir ce que Dicky Soames avait écrit.

Unless…Unless? The idea struck him. Could he get into the office after it was closed? Was it possible to do it without the key?

À moins que… À moins que ? L'idée jaillit dans son esprit. Pourrait-il entrer dans le bureau après sa fermeture ? Serait-il possible de le faire sans la clé ?

Then, smiling he remembered that once a clerk, forgot some valuables in his working coat, and had got in through the **skylight** of the long, low **roof**.

Puis, souriant, il se souvint qu'une fois, un employé avait oublié des objets de valeur dans sa blouse de travail et était entré par la **lucarne** du long **toit** bas.

What could be done once could be done again.

Ce qui a pu être fait une fois peut être refait.

He would be able to get the letter after all. And then? Well, he would show his wife the clear evidence of the disloyalty of which he had so long suspected her.

Au bout du compte, il serait en mesure de mettre la main sur la lettre. Et ensuite ? Eh bien, il montrerait à sa femme la preuve évidente de la trahison dont il l'avait si longtemps soupçonnée.

He did not care about the supervisor now; he had something better to think of. He worked hard at the table, trying only to kill time.

Il ne se souciait plus du superviseur à présent ; il avait quelque chose de plus important en tête. Il travailla dur à la table, s'attelant à tuer le temps.

At last the **workday** was over. He had changed his coat and went out into the street – to watch.

La **journée de travail** prit finalement fin. Il changea de manteau et sortit dans la rue - pour observer.

He saw the sorters leave in groups; he saw the electric lights put out. He heard the supervisor lock the doors.

Il vit les trieuses partir en groupe, il vit les lumières électriques s'éteindre. Il entendit le superviseur verrouiller les portes.

He waited a little longer. It was half past ten when he left his **hiding place**.

Il attendit encore un peu. Il était dix heures et demie quand il quitta sa **cachette**.

He hurried to the back of the building. It was easy to climb the gate of the big yard and he was soon over it.

Il se précipita vers l'arrière du bâtiment. Escalader le portail de la grande cour se révéla fort simple et il le franchit en un rien de temps.

He knew that the doors of the sorting office were locked from within. The skylight was the only possible entrance.

Il savait que les portes du centre de tri étaient fermées de l'intérieur. La lucarne était la seule entrée possible.

Close by the doors of the sorting office there was a tall telegraph pole. It had metal footholds for the electricians.

Près des portes du centre de tri, il y avait un grand poteau télégraphique. Il disposait de pieds en métal pour les électriciens.

Ainslie jumped up, caught at the lowest foothold and began to climb.

Ainslie sauta, s'accrocha au pied le plus bas et se mit à grimper.

Soon he was on the roof. He raised a skylight, put his feet through, lowered himself and stood on the top desk of a sorting table. Then he jumped to the floor.

Bientôt, il fut sur le toit. Il souleva une lucarne, passa ses pieds à travers, se baissa et se tint debout sur le pupitre supérieur d'une table de tri. Puis il sauta au sol.

He struck a **match** and found himself close to the postmen's tables.

Il gratta une **allumette** et se retrouva près des tables des facteurs.

Knowing exactly on which the letter would be, he hurried across the room and switched on the light. He took a bundle of letters and quite soon found what he sought.

Sachant exactement sur laquelle se trouvait la lettre, il se précipita dans la pièce et alluma la lumière. Il s'empara d'une liasse de lettres et trouva assez rapidement celle qu'il cherchait.

Suddenly something seemed to creak in the opposite part of the office. It was only the echo of his own movement, but he got frightened.

Soudain, un craquement sembla se manifester dans la partie opposée du bureau. Ce n'était que l'écho de son propre geste, mais il prit peur.

There in full light he stood, staring into the surrounding darkness. He took a step forward, "Who's there?" he whispered.

Il se tenait là, en pleine lumière, fixant l'obscurité environnante. Il fit un pas en avant. « Qui est là ? » chuchota-t-il.

The roof and distance echoed back an answer. Ainslie, beside himself with fear, threw Dicky's Soames letter into a fireplace that was near him.

Le toit et la distance lui répondirent en écho. Transi de peur, Ainslie jeta la lettre de Dicky Soames dans une cheminée qui se trouvait à proximité.

Ainslie faced the darkness once more. "Who's there?" he called more loudly because of his growing fear. Again the roof and distance echoed back their answer.

Ainslie fit face à l'obscurité une fois de plus. « Qui est là ? » lança-t-il plus fort en raison de sa peur grandissante. De nouveau, le toit et la distance lui répondirent en écho.

This time he understood that his fears had been vain. He began **to curse** himself for destroying the evidence for which he had risked his career.

Cette fois, il comprit que ses craintes étaient infondées. Il commença à se **maudire** d'avoir détruit les preuves pour lesquelles il avait risqué sa carrière.

He climbed out of the building on to the roof, down the telegraph pole and into the yard again.

Il sortit du bâtiment, grimpa sur le toit, descendit le long du poteau télégraphique et se retrouva dans la cour.

Then he was soon over the gate. But as soon as he was on the ground he felt a strong arm seize him.

Puis il franchit rapidement le portail. Mais dès qu'il toucha le sol, il sentit un bras puissant le saisir.

Ainslie **struggled** fiercely, but in vain. In desperation he jumped back to strike with all his force.

Ainslie **se débattit** férocement, mais en vain. En désespoir de cause, il fit un bond en arrière pour frapper de toutes ses forces.

The single lamp outside the door lit up his captor's face.

L'unique lampe à l'extérieur de la porte éclairait le visage de son ravisseur.

Ainslie was **stunned**. "Good heavens, it's the postmaster!" he cried. He was right. It was one of the rare nights on which his chief made a surprise visit to the building.

Ainslie était **stupéfait**. « Mon Dieu, c'est le receveur des Postes ! » s'écria-t-il. Et il avait raison. C'était l'une des rares nuits où son chef faisait une visite surprise dans le bâtiment.

The other stood still after hearing Ainslie's voice. "Oh, it's Ainslie!"

L'autre resta immobile après avoir entendu la voix d'Ainslie. « Oh, c'est Ainslie ! »

"Yes, sir, it's me," said Ainslie, feebly.

« Oui, Monsieur, c'est moi, » dit Ainslie, piteusement.

"This is very serious, Ainslie," said the postmaster. "What's your explanation?"

« C'est très grave, Ainslie, » dit le receveur des Postes. « Quelle est votre explication ? »

If Ainslie had told the whole truth, the chief, who was a humane person, would have understood and forgiven. But **shame**... No, he could not tell him the truth.

Si Ainslie avait révélé toute la vérité, le chef, qui était quelqu'un humain, aurait compris et pardonné. Mais la **honte**... Non, il ne pouvait pas lui dire la vérité.

"I went in for a letter," he stammered.

« Je suis allé chercher une lettre, » balbutia-t-il.

The postmaster frowned.

Le receveur des Postes fronça les sourcils.

"You went in for a letter?" he repeated. "At this time of night?"

« Vous êtes allé chercher une lettre ? » répéta-t-il. « À cette heure de la nuit ?»

"Yes, sir," said Ainslie. "It was an important letter and I wanted it at once."

« Oui, Monsieur, » dit Ainslie. « C'était une lettre importante et il me la fallait absolument. »

The chief looked doubtful. "How did you get in?" he demanded.

Le chef parut sceptique. « Comment êtes-vous entré ? » demanda-t-il.

Ainslie told him.

Ainslie le lui dit.

The other shook his head. "If I were a police officer," he said, "I should put you in prison right away; but as I'm only a postmaster I shan't do that.

L'autre secoua la tête. « Si j'étais policier, » dit-il, « je vous mettrais tout de suite en prison, mais comme je ne suis que receveur des Postes, je ne le ferai pas.

But you'll be suspended from your duty for suspicious **conduct**. You won't come back till you hear further. Do you understand?"

Néanmoins, vous serez suspendu de vos fonctions pour **comportement** suspect. Vous ne reviendrez pas jusqu'à nouvel ordre. Est-ce que vous comprenez ? »

Ainslie stood speechless. Should he tell him everything? No, it was impossible. His shame was too great.

Ainslie resta sans voix. Devait-il tout lui révéler ? Non, c'était impossible. Sa honte était trop grande.

"Very good, sir," he said; yet, before he turned away, he asked:

« Très bien, monsieur, » dit-il ; cependant, avant de se détourner, il demanda :

"Is there any chance that I shall be taken back, sir?"

« Y a-t-il une chance que je sois repris, Monsieur ? »

The chief faced him. "I can give you no hope whatever," he answered briefly. Ainslie went home.

Le chef lui fit face. « Je ne peux vous donner aucun espoir, » répondit-il brièvement. Ainslie rentra chez lui.

When he came into the room where his wife was sitting and waiting for him, she knew that something terrible had happened.

Lorsqu'il entra dans la pièce où sa femme était assise et l'attendait, elle sut que quelque chose de terrible était arrivé.

There was a strange expression on his face; his walk was that of an old man, all his energy seemed gone.

Une expression étrange flottait sur son visage ; sa démarche était celle d'un vieillard, toute son énergie semblait avoir disparu.

"What's happened, dear?" she asked. "Tell me everything."

« Que s'est-il passé, mon chéri ? » demanda-t-elle. « Dis-moi tout. »

He told her what he had told the postmaster. He **mistrusted** her still; but most of all, he was ashamed.

Il lui raconta ce qu'il avait dit au receveur des Postes. Il **se méfiait** encore **d**'elle, mais plus que tout, il avait honte.

"What was the letter you went back for?" she said.

« Quelle lettre es-tu allé chercher ? » dit-elle.

Ainslie hesitated. Then stammering he told the lie:

Ainslie hésita. Puis, il bredouilla un mensonge :

"It was about that old bookcase," he said. "I – I was in a hurry. I had an offer for it, and I wanted to know if Greaves would sell it to me."

« C'était à propos de cette vieille bibliothèque, » dit-il. « Je... j'étais pressé. J'avais une offre pour elle, et je voulais savoir si Greaves voulait me la vendre. »

Mrs. Ainslie, looking at him with her serious grey eyes, saw that he was lying. But she said nothing.

Mme Ainslie, le regardant de ses yeux gris et graves, vit qu'il mentait, mais elle se tut.

"There's no hope of you being kept on?" she asked.

« Il n'y a pas d'espoir qu'ils te gardent ? » s'enquit-elle.

Ainslie shook his head.

Ainslie secoua la tête.

"None whatever," he said. "Could anything be worse against a man? My God! The children! What are we going to do?"

« Aucun, » dit-il. « Qu'est-ce qui pourrait être pire pour un homme ? Mon Dieu ! Les enfants ! Qu'allons-nous faire ? »

His wife got up and came to him. She loved him. And despite that he had lied to her, she kissed him **tenderly**.

Sa femme se leva et s'approcha de lui. Elle l'aimait. Et malgré le fait qu'il lui avait menti, elle l'embrassa **tendrement**.

"There's no need to despair," she said. "It may turn out very well.

« Il ne faut pas désespérer, » dit-elle. « Ce peut se révéler une très bonne chose.

You have a good **trade** that you learned before going to work for the Post Office. And you know more about old furniture than any other man in Belbow."

Tu as un bon **métier** que tu as appris avant d'aller travailler à la Poste. Et tu en sais plus sur les vieux meubles que n'importe quel autre homme de Belbow. »

His wife sat down on the arm of his chair.

Sa femme s'assit sur le bras de son fauteuil.

"But," **objected** Ainslie, "a shop requires capital and we have none. And where are we going to get old things to begin with?"

« Mais, » **objecta** Ainslie, « un magasin nécessite un capital et nous n'en avons pas. Et où allons-nous trouver de vieux meubles pour commencer ? »

Mrs. Ainslie waved her hand round the room at the furniture.

Mme Ainslie balaya de la main les meubles tout autour de la pièce.

"My dear," she said proudly, "look at all the beautiful things that we were able to get together? We've managed to get them for next to nothing.

« Mon chéri, » dit-elle avec fierté, « regarde toutes les belles choses que nous avons réussi à acquérir ensemble ? Nous y sommes parvenus à partir de presque rien.

"We'll transform this old house into a shop like the antique house at Murcester and live among the things that we sell.

Nous allons transformer cette vieille maison en un magasin à l'image de la Maison d'Antiquités de Murcester et vivre parmi les choses que nous vendons.

I'll deal with customers and you shall go around the country on a bicycle finding other things.

Je m'occuperai des clients et tu parcourras le pays à vélo pour trouver d'autres choses.

Oh, we'll make it a success! And you won't be away from me as it had been with your Post Office job."

Oh, nous allons en faire un succès ! Et tu ne seras pas loin de moi comme c'était le cas avec ton travail à la Poste. »

Her courage extinguished the last **spark** of jealousy in Ainslie's heart.

Son courage éteignit la dernière **étincelle** de jalousie dans le cœur d'Ainslie.

Perhaps, for the first time in his life, he took her in his arms feeling that she belonged to him heart and **soul**.

Peut-être - pour la première fois de sa vie - la prit-il dans ses bras en sentant qu'elle lui appartenait corps et **âme**.

"Oh, my dear," he cried, happy at last. "I'll show you what I can do. Together we'll make it a success, despite everything!"

« Oh, ma chérie, » s'écria-t-il, enfin heureux. « Je vais te montrer ce que je peux faire. Ensemble, et en dépit de tout, nous allons réussir ! »

As he had already been told by the postmaster, there was no hope for Ainslie to go back to the Post Office.

Comme le lui avait prédit le receveur des Postes, il n'y avait aucune chance qu'Ainslie puisse retourner à la Poste.

After a month the letter of dismissal came. He showed it to his wife in silence. She took the letter and threw it into the fire.

Au bout d'un mois, la lettre de licenciement arriva. Il la montra à sa femme en silence. Celle-ci prit la lettre et la jeta au feu.

"That belongs to the past!" she said. "The present and the future belong to us!"

« Cela appartient au passé ! » dit-elle. « Le présent et l'avenir nous appartiennent ! »

But despite her and Ainslie's determination **to succeed**, the struggle was tough.

Mais malgré sa détermination et celle d'Ainslie à **réussir**, la lutte était rude.

At times he did not know what to do. He was just making a bare living – and no more.

Parfois, il ne savait pas quoi faire. Il gagnait à peine sa vie - et rien de plus.

Then slowly, very **slowly**, things began to improve. He began to gain a reputation for fair dealing and good work.

Puis lentement, très **lentement**, les choses commencèrent à s'améliorer. Il se mit à acquérir une réputation d'homme honnête et habile.

One afternoon when he came home he found that his wife was serving tea to a **chubby** man, who greeted him as an old **acquaintance**.

Un après-midi, en rentrant chez lui, il découvrit que sa femme servait du thé à un homme **joufflu** qui le salua comme une vieille **connaissance**.

"Good Lord, it's Dicky Soames!" cried Ainslie. "How long have you been here?"

« Mon Dieu, Dicky Soames ! » s'écria Ainslie. « Depuis combien de temps es-tu là ? »

"Two hours," said the other. He shook hands cordially, but he looked at Ainslie as if he **despised** him.

« Deux heures, » répondit l'autre. Il lui serra la main cordialement, mais regarda Ainslie comme s'il le **méprisait**.

Ainslie smiled back without any trace of jealousy in his heart.

Ainslie lui sourit en retour, sans une ombre de jalousie dans le cœur.

"I **hope** Adela has kept you well entertained," he said.

« J'**espère** qu'Adela t'a tenu bonne compagnie, » dit-il.

Dicky Soames laughed. "Well, it's I who've been doing all the talking. You see, I had some business to discuss with Adela!"

Dicky Soames rit. « Eh bien, c'est moi qui ai fait toute la conversation. Vois-tu, j'avais quelques affaires à discuter avec Adela ! »

Mrs. Ainslie looked at her husband. "Uncle Tom's **dead**," she explained, "and Dicky **inherited** some money. How much is it, Dicky?"

Mme Ainslie regarda son mari. « Oncle Tom est **mort**, » expliqua-t-elle, « et Dicky a **hérité** d'un peu d'argent. Combien, Dicky ? »

"Thirty thousand pounds!" said Dicky Soames proudly.

« Trente mille livres ! » dit Dicky Soames avec fierté.

Ainslie shook his hand **warmly**. "I congratulate you," he exclaimed. "You're in luck. Isn't he, Adela?"

Ainslie lui serra la main **chaleureusement**. « Je te félicite ! » s'exclama-t-il. « Tu en as de la chance, pas vrai, Adela ? »

Mrs. Ainslie turned to Dicky.

Mme Ainslie se tourna vers Dicky.

"Tell Arthur the rest," she said quietly.

« Raconte le reste à Arthur, » dit-elle doucement.

Dicky for some reason or other seemed **uncomfortable**.

Pour une quelconque raison, Dicky semblait **mal à l'aise**.

He cleared his throat several times before he said: "He left Adela five hundred;" he looked at Adela for a second, then he turned away.

Il s'éclaircit la gorge plusieurs fois avant de dire : « Il a laissé cinq cents à Adela ». Il regarda Adela pendant une seconde, puis il se détourna.

Ainslie glanced at his wife. She nodded.

Ainslie jeta un œil à sa femme. Elle acquiesça.

"How splendid!" he said. "You don't know what it means to us, Dicky!"

« C'est fabuleux ! » dit-il. « Tu ne sais pas ce que cela représente pour nous, Dicky ! »

But the visitor looked more uncomfortable than ever. Ainslie noticed it as last.

Mais le visiteur semblait plus mal à l'aise que jamais. Ainslie le remarqua finalement.

"What's the matter?" he asked.

« Qu'est-ce qui se passe ? » demanda-t-il.

"Well, you see," stammered the other, "the old chap left something over sixty thousand, and he wished Adela to have half.

« Eh bien, vois-tu, » balbutia l'autre, « le vieux bougre a laissé environ soixante mille livres, et il souhaitait qu'Adela en reçoive la moitié.

But after he got paralyzed, he began to get funny. He was greatly offended because Adela never answered two letters I wrote to her for him.

Mais après sa paralysie, il a commencé à se comporter bizarrement. Il a été très offensé par le fait qu'Adela n'ait jamais répondu aux deux lettres que j'avais écrites pour lui.

Then he altered his will and left her share to hospitals.

Alors il a modifié son testament et a laissé sa part aux hôpitaux.

I did all I could to convince him that she'd never got his letters, but he wouldn't listen to it.

J'ai fait tout ce que j'ai pu pour le convaincre qu'elle n'avait jamais reçu ses lettres, mais il n'a rien voulu entendre.

Nothing would move the old chap when he'd once got thing into his head."

Rien ne pouvait faire changer d'avis le vieil homme une fois qu'il s'était mis une idée en tête. »

He paused and looked at Ainslie. But Ainslie's eyes were on his wife's. His face was as white as paper, and his teeth were chattering.

Il fit une pause et regarda Ainslie. Mais les yeux d'Ainslie étaient fixés sur ceux de sa femme. Son visage était aussi blanc que du papier, et ses dents claquaient.

Dicky Soames suspicions were confirmed.

Les soupçons de Dicky Soames se confirmèrent.

He despised Ainslie for many reasons, and he was convinced that it was Ainslie's fault that Adela has lost her share of the inheritance.

Il méprisait Ainslie pour de nombreuses raisons, et il était convaincu que c'était la faute d'Ainslie si Adela avait perdu sa part de l'héritage.

"It's strange about those two letters," he said. "I wonder – I've often wondered what had happened to them!"

« C'est étrange ces deux lettres, » dit-il. « Je me demande… je me suis souvent demandé ce qu'elles étaient devenues ! »

Mrs. Ainslie got up and came to her husband's side.

Mme Ainslie se leva et se positionna aux côtés de son mari.

"Only one thing could have happened to those two letters," she said and faced Dicky Soames with the light of battle in her eyes.

« Une seule chose a pu arriver à ces deux lettres, » dit-elle, et elle fit face à Dicky Soames, les yeux scintillants d'une lueur belliqueuse.

Dicky stared. "What was that?" he asked, amazed at her manner.

Dicky la regarda fixement. « Quoi donc ? » demanda-t-il, surpris par son comportement.

Still looking at her visitor Adela put her fingers into her husband's ice-cold hand.

Le regard toujours braqué sur son visiteur, Adela glissa ses doigts dans la main glacée de son mari.

"They were surely lost," said she. At that moment Ainslie realized that his wife knew everything.

« Elles se sont sans aucun doute perdues, » dit-elle. À cet instant précis, Ainslie comprit que sa femme savait tout.

Key Vocabulary:

- **nerveux** adj. – nervous, anxious.
- **envahir** v.tr. – to overwhelm, overrun.
- **timbre** n.m. – (mail) stamp, postmark.
- **expéditeur** n.m.| expéditrice n.f. – sender, mailer. **adresse de l'expéditeur** – sender's address.
- **paresseux** adj. – lazy.
- **fait** n.m. – fact.
- **instinctivement** adv. – instinctively.
- **tas** n.m. – heap, pile.
- **toit** n.m. – roof.
- **lucarne** n.f. – (window) skylight, roof light.
- **journée de travail** n.f. – working day.
- **cachette** n.f. – hideout, hiding place.
- **allumette** n.f. – match.

- **maudire** v.tr. – to curse.
- **se débattre** v.pron. – to struggle; **débattre de** v.tr. – to debate.
- **stupéfait** adj. – stunned, dumbfounded.
- **honte** n.f. – shame; embarrassment.
- **comportement** n.m. – behavior, conduct.
- **se méfier de** v.pron. – be suspicious of, to distrust.
- **tendrement** adv. – tenderly.
- **métier** n.m. – trade; occupation, craft; skills, experience.
- **objecter** v.tr. – to object.
- **étincelle** n.f. – spark.
- **âme** n.f. – soul; spirit.
- **réussir** v.tr. – to succeed; be a success.
- **lentement** adv. – slowly.
- **joufflu** adj. – chubby.
- **connaissance** n.f. – knowledge; consciousness; acquaintance.
  une vieille ~ – an old acquaintance.
- **mépriser** v.tr. – to despise, disdain.
- **espérer** v.intr. – to hope.
- **mort** adj. – dead.
- **hériter** v.tr. – to inherit.
- **chaleureusement** adv. – warmly; heartily, cordially.
- **aisé** adj. – easy, comfortably; **à l'aise** – comfortable, at ease.
  mal à l'aise adj. – uncomfortable.
- **éclaircir** v.tr. [schia-rì-re] – to clear, to lighten [sth] up.
  s'éclaircir la gorge – to clear one's throat.

Printed in Great Britain
by Amazon